Der Schrei der Schneeflocke

Iris Häusel

»Schwanensee« Collage/Mischtechnik von 1999

»Hat das Ding auch eine Handlung...?«

... war die pragmatisch eloquente Reaktion meiner wunderbar bodenständig geerdeten Töchter, zu der zögerlich angekündigten Nachricht von mir, ein Buch schreiben zu wollen.

Ein seit langer Zeit gehegter Traum, den in über vierzig Jahren gesammelten Tagebucheinträgen eine Form, eine Stimme zu geben. Warum aber diese extrovertierte Beschäftigung mit sich Selbst, den eigenen Gedanken, Erlebnissen und Begegnungen, der inneren Auseinandersetzung in extremen Situationen einer Öffentlichkeit preisgeben?

Seit jeher ist es mir Freude, Bedürfnis, gar innere Notwendigkeit, all die buntscheckigen Ereignisfetzen meines Lebens zu formulieren, zu fabulieren, zu collagieren, um das Viele in mir als Gesamtheit erkennen und reflektieren zu können. Reisen und Expeditionen, Gratwanderungen und Grenzsituationen gehören ebenso zu mir wie der ganz profane Alltag einer Hausfrau, wie die therapeutische Herangehensweise an Patienten als Logopädin. Allem Voraus als Mutter und Ehefrau gilt meine immerwährende Sorge der Familie, meinen beiden geliebten Töchtern, die zu jeder Zeit absolute Priorität besitzen. Meinem Mann gilt Dank, mir nie einen bequemen

Weg geebnet zu haben, mich nie in meinem Freiheitsbedürfnis einzuschränken, sondern mich konstruktiv, mit Rat ausgestattet, meiner Wege ziehen zu lassen. Seine geistigen Pfade führen tief in die Hirnforschung hinein, meine körperlichen führen weit in die Welt hinaus. Der uns verbindende rote Faden der Liebe muss manchmal dehnbar sein, reißen wird er nie. Seine wissenschaftlichen Werke möchten informieren, Paradigmen auf den Kopf stellen, Weltwissen erweitern .

Zur Erweiterung des Weltwissens durch neugewonnene Erkenntnisse wird dieses Buch kaum taugen. Auch das Weltgewissen wird hier nicht überbeansprucht werden, weil ich durch meine Reisetätigkeit bereits einen erheblichen ökologischen Fußabdruck hinterlassen habe.

Ich möchte euch, Leserinnen und Leser auf Reisen, auf Expeditionen einladen, um mit mir zu siegen, um mit mir zu scheitern. Ich möchte mit euch Brücken bauen zwischen Religionen und Kulturen, über Grenzen, auch eigene, hinweg; festverankerte Bögen spannen, wertfrei und urteilslos. Ich möchte Euch mitnehmen, Menschen in aller Welt zu treffen, um Verwunderung und Verzauberung dieser Begegnungen mit mir zu teilen. Ich möchte euch einbeziehen, wenn ich mich an geliebte Menschen erinnere, die mich prägten, die mir zum Vorbild gereichten.

»Dieses Ding« ist Flaneur durch gelebtes Leben, ist Tagebuch, ist Bilderbuch, ist Stöbern auf der Suche das Kleine im Großen zu entdecken und das kindliche Staunen darüber nicht zu verlieren. Der einen oder dem anderen könnte es Anregung sein, persönlicher oder gesellschaftlicher Hindernisse zum Trotz mutig zuzugreifen – wenn sich eine Chance bietet Neues zu beginnen ohne Bewährtes zu zerstören.

Eine zentrale Figur in diesem Buch ist Renato Bernard, ein italienischer Bergführer und Ausbilder, mit dem ich durch die vielen gemeinsamen Unternehmungen und Erlebnisse zusammengewachsen und in tiefer Freundschaft verbunden bin. Durch ihn konnte ich mich zur Alpinistin entwickeln. Er bat mich dem Buch ein paar Zeilen hinzufügen zu dürfen. Gerührt und etwas verlegen überlasse ich ihm den Vortritt – wie am Berg so auch im Buch:

Introduzione

Con molto onore e piacere aggiungo due righe di presentazione dell`autore di questo libro, Iris Häusel.

Grande donna, perfetta moglie, madre e figlia, casalinga pasticciona, logopedista, impeccabile gestrice dei patrimoni ereditati, insaziabile alpinista e in conclusione con questa`ultima opera letteraria, inaspettata geniale scrittrice.

A prima vista o in un occasionale incontro con questo minuscolo essere umano puoi immaginare di tutto. Puoi pensare di avere a che fare con una persona di ceto medio alto, di ambiziosi valori culturali ed accademici, puoi pensare dopo averla sentita raccontare della sua passione per la natura, per la montagna e per la vita all`aperto ma sicuramente non ti puoi aspettare della reale portata alpinista ed arrampicatoria di questa simpatica signora.

Tanto per citare alcune delle sue principali imprese di maggior impatto alpinistico, naturalmente oltre alle ascensioni citate in questo libro mi permetto di aggiungere :

Schweiz/ Engadin – Piz Palü. Piz Bernina Biancograt, Piz Scerscen Piz Roseg

Val D`Avers Cascata: Der Thron

Einführung

Voll Vergnügen und Ehre möchte ich Ihnen mit ein paar Zeilen [...] Iris Häusel vorstellen. Ich sehe in dieser großartigen Frau eine perfekte Mutter, Ehefrau und Tochter, eine engagierte Logopädin und Hausfrau, eine verantwortungsbewusste Managerin ihrer ererbten Besitzungen, eine unersättliche Bergsteigerin und zuletzt, vollkommen unerwartet, eine – wie ich finde – geniale Schriftstellerin.

Bei der ersten Begegnung mit diesem »zierlichen Etwas« können Sie sich alles mögliche vorstellen: Sie können denken, sie entstamme einer Gesellschaftsschicht mit hohen moralischen und akademischen Werten. Sie können denken, dass sie naturverbunden sei, nachdem Sie von ihrer Liebe zu den Bergen und zu dem Leben im Freien erfahren haben. Aber Sie können sich sicher niemals vorstellen, dass sich hinter dieser scheinbar unscheinbaren Person tatsächlich eine ausgezeichnete Alpinistin und Kletterin verbirgt. Ich erlaube mir hier, einige ihrer bedeutenden alpinistischen Unternehmungen und beachtlichen Kletterrouten, die im Buch unerwähnt bleiben, hinzuzufügen:
Piz Palü, Piz Bernina über Bianco-Grat, Piz Scerscen, Piz Roseg
diverse Eisfallklettereien in Kandersteg, in Norwegen und den Dolomiten, »Der Thron« im Averstal
Klettern am Grimselpass, u.a. »Motörhead«
Bergell:
Badile Cassin und Badile Kante, am Cengalo »Via Vinci« und »Bügeleisenkante«, im Val di Mello »Luna nascente« u.v.a.
Ortler über Hintergrat, Gran Zebru über Suldengrat, Matterhorn über Leonegrat
Mont Blanc Gebiet: Pic Adolfo und Dente del Gigante, Monte Rosa, Gran Paradiso
Dolomiten: »Gelbe Kante»Via Comici« (/Gelbe Kante, kleine Zinne), Tofana di Rozes: »Costantini Gedina« u.v.a.
Watzmann-Ostwand, Dachstein-Südwand, Großglockner über Stüdlgrat, Großvenediger
verschiedene Routen auf Sardinien, Sizilien, in Griechenland und im Verdon
Peru: Nevado Pisco, Nevado Ishinka
Patagonien: Aguja Guillaumet
Kanada: diverse Routen in Squamish und den Rockies bei Banff

USA: Yosemite: Half Dome über »Snake Dike« u.v.a.
Utah: Castleton Tower, Lighthouse Tower, Fisher Tower u.v.a. Routen in anderen Gebieten

Dieses Buch, teilweise Tagebuch, wurde häufig in waghalsigen Situationen niedergeschrieben. Es ist ein klassisches literarisches Werk, das man in einem Atemzug lesen möchte, das man in einer Nacht verschlingen und erst schließen möchte, wenn die Geschichte abgeschlossen ist. Durch eine einfache Sprache liest es sich flüssig und leicht.
Ich hoffe, dass diese erste Arbeit nicht die letzte, sondern der Beginn einer langen literarischen Reise sein wird. Ein Werk, das den gesamten menschlichen, bergsteigerischen und multikulturellen Wert dieser »kleinen großen« Person zusammenfasst, das Ansporn sein kann für viele, die sich zu alt, zu unbedeutend oder nicht mutig genug fühlen, etwas neues zu wagen.
Das Abenteuer , die Energie, die Mentalität kennt kein Alter, kennt keine kulturelle Grenze und ist für jedermann erreichbar.
Danke Iris, dass du in meinem Leben erschienen bist. Ohne es zu merken, hast auch du mir so viel gegeben. In unseren gemeinsamen Abenteuern habe ich auch viel über mich gelernt.
Danke, dass Du dazu beigetragen hast, meine Träume zu verwirklichen. Träume, die sich in Realität verwandelten, die sonst nur Träume geblieben wären.

Dein Freund und Seilpartner

Das RE von IRRE

Kleine Anmerkung von Iris:
Ob mich mein Mann, ob mich meine Töchter auch nur annähernd so perfekt empfinden? Man müsste sie fragen. Die Rolle als Hausfrau bekleide ich eher nach dem Motto Versuch und Irrtum. Unterschiedliche Zeitpläne von Verwalten, Organisieren und Therapieren zwingen mich oft zur Improvisation. Die Arbeit mit Menschen jedoch, die mir ihr Vertrauen schenken, ist mir nie Routine geworden – sie ist permanent suchendes Hinfühlen und bedeutungsvoll auch für mich. Das Vergnügen am Gestalten, das weit davon entfernt ist, genial zu sein, die Freude, mich malend, neuerdings auch schreibend zu strukturieren, und die unbezwingbaren Lust auf immer neue Kletterrouten, auf immer neue Bergerlebnisse, auf das immer neue Spiel im Schnee wird immer Weg sein, Stückwerk, Fragment, Spielerei.

Inhalt

»Schrei der Schneeflocke« Collage/Mischtechnik 2019

Der Schrei der Schneeflocke

… ODER DAS GROSSE IM KLEINEN ENTDECKEN

Ein Windstoß fährt durch ein, vom Grau ins Weiß abgestuftes, ineinander versponnenes, sich ständig veränderndes Weiß hindurch. Die *Dakinis*, die tibetischen Himmelswandlerinnen schweben von Schneewolken umflort, durch den Winterhimmel. Flockengewimmel aus sich entladendem Wolkensaum. Mein Blick richtet sich nach oben.
»Großmutter – bist du es?«, möchte ich rufen, denn ich erinnere mich an deine letzten Worte: »
Wenn ich gestorben bin,« sagtest Du »werde ich jedes Jahr als allererste Schneeflocke zur Erde zurückkehren und mich auf deine Nasenspitze setzen, dir Erfüllung und Beistand bei all deinen Vorhaben sein.«
»Ja, Großmutter, so ist es, und ich spüre Dich durch diese kleinen gefrorenen Meisterwerke…«, will immer mehr davon, kann gar nicht genug bekommen von den dicken, fetten Schneefetzen, von den herab rieselnden Funken, den filigranen Nadeln, von der Farbe Weiß in all ihren Schattierungen. Ich jage hinaus in die Welt, in die Zonen des ewigen Schnees, spure und grabe mich durch dessen Spielarten oder steche mit Steigeisen bewehrt in windgepresste Eiskrusten.

Allegra flöch da naiv – Sei gegrüßt, Schneeflocke,

ich möchte Dich einfangen. Ich möchte dich festhalten. Die Welt ist so laut, du machst sie leise. Schwereloses weißes Zauberballett aus Millionen taumelnder, sinkender, tanzender Flocken. Du vergängliche Pracht. Du Kristall aus gefrorenem Wasserdampf, der du in fallender Vereinigung mit weiteren Kristallen deine sechs verästelten Flocken-Wunder-Arme sternengleich aus dir herausspreizt. Immer wieder erschaffst du dich aufs Neue, nie gleichst du dir selbst. Explodierende Kreativität .

Allegra flöch da naiv – Sei gegrüßt, Schneeflocke,

dein Unschuldskleid verhüllt mit Milde unseren Frevel an der Natur. Unter deinem weichen weißen Wollgewand findet Landschaft Ruhe. Leere, weiße, gleichsam ahistorische und unbeschriebene Fläche, die zu jeder Zeit Dichter und Denker bewegt.
Staunendes Betrachten und suchendes Empfinden der rätselhaften, alle (Spektral)Farben in sich vereinenden, Nichtfarbe Weiß.
Weiß, das in Japan die *Abwesenheit von Farbe* bedeutet und den Zustand von *Noch-nicht-Sein* beschreibt. Es trägt den Bereich latenter Möglichkeit in sich. Ahnungen, Erwartungen, Zukünftiges, ein *Es-werde*. Je enger wir mit »weiß« in Beziehung treten, desto leuchtender wird unsere Welt und desto intensiver werden die Schatten.

Aus »Die Farbe Weiß« von Kenya Haar

Entlaubten Baumriesen wird Linienspiel entlockt, Silhouette gezeichnet, Grenze gesetzt.

Allegra flöch da naiv – Sei gegrüßt, Schneeflocke,

Pflanzen und Tieren bietest du Schutz, den Menschen schaffst du Behausung. Alt und Jung ermöglichst du Spiel und Freude.
Mit Schneesägen und Schneemessern rücken dir die Inuit zuleibe, um aus Schneeblöcken ihre Iglus zu erbauen. Überlebensrettend die Schneehöhle dem in Not geratenen Höhenbergsteiger.
Ich habe einen »Pop da naiv« – einen Schneemann – gebaut aus dir. Einen schrägen Typen, einen Kopflosen, einen Gebeugten, einen Kerzengeraden, eine Schneefrau, denn es ist nicht gut alleine zu sein.

Wir haben eine Schneeballschlacht veranstaltet; dicke runde Ballotas aus »naiv favuonga« – aus Pappschnee – in den Händen geformt und uns gegenseitig damit beworfen, uns gegenseitig gefangen, uns gegenseitig damit eingerieben. Ausgelassenes fröhliches Treiben und körperliche Betätigung mit Skiern, Schneeschuhen oder Schlitten.

Allegra flöch da naiv – Sei gegrüßt, Schneeflocke,

du überziehst mit kristallinem Überwurf die Welt. Jede Bewegung bannst du in Spur. Tierfährten hinterlassen Zauberschriften, uns Menschen wird der ökologische Fussabdruck bewusst. Und ich unterscheide, ob ich vorausstapfe, ob mit Tourenski vorausziehe, Schritte in die Unversehrtheit wage und die Gestaltung der Wegführung übernehme. Verantwortliches Handeln, das, nach Planung der Route, exakte Kenntnis der Schneesituation und der Steilheit des Hanges erfordert, oder ob ich in bereits bestehender Spur vertrauensvoll meditativ dahingleitend dem Willen Pause und dem Geist Ruhe gönne.

Allegra flöch da naiv – Sei gegrüßt, Schneeflocke,

Gletscherlandschaften bildend schleifst du Fels. Windgepresst formst du schaumkronenartige Wächten und heimtückische Schneebretter. Von der zauberhaften Einmaligkeit der Flocke verwandelst du dich durch Temperaturunterschied, Luftfeuchtigkeit und Wind zur Kugel, zum Prisma, zum Plättchen. Bindungslos entwickelst du in großer Masse eine alles unter dir begrabende Walze. Todbringende zerstörerische Gewalt.
Dein Schrei, mit 50-200 Hertz ist für unser menschliches Ohr nicht hörbar. Wenn du auf eine Wasseroberfläche triffst, bildet die Luft in dir ein winziges Bläschen, das sich auf die neue Umgebung einschwingt und dadurch einen Ton erzeugt. Der Geräuschpegel unter Wasser kann sich bei Schneefall bis zu 30 Dezibel erhöhen.
Dein Schrei ist Werden im Vergehen, ist Ende und Anfang zugleich, ist der immerwährende Kreislauf der Natur.

»Turmbau zu Babel« Collage/Mischtechnik 2005

»Aber das ist erst der Anfang...«

»Ma questo è solo l´inizio signora!« – »Aber dies ist erst der Anfang Signora!«, ruft mir der Trommler aus seiner Gruppe zu, die athletisch durch den historischen Ortskern von Finale Ligure stampft.
Ich verschmelze mit der tobenden Menschenmenge und gebe mich dieser geheimnisvollen Atmosphäre des Zeremoniellen hin.
Aber der Anfang wovon? Dass dieser hingeworfene Satz mir eine Art Weissagung bedeutete, konnte ich damals nicht ahnen.

»Dorthin will ich und ich traue mir und meinem Griff.«, schrieb Nietzsche und feiert den Aufbruch, das Anfangen. Nicht jedoch ohne zuvor ein Klagelied angestimmt zu haben über den Abschied vom Alten, das Zurücklassenmüssen. *»Oh weh, wo sind meine Jahre ...?«*

Dieses Spannungsfeld zwischen Loslösen und Festhalten, der Spagat zwischen einer Welt des Bewahrens und einer Welt des Entdeckens, das Hinausströmen und das Bleibenkönnen, dieses Spannungsfeld zu befrieden – ein »Sowohl als Auch« zu finden ist immer mein Ziel.

»Dorthin will ich und ich traue mir und meinem Griff.«
Es waren die Lockungen des Aufbruchs, aber es war auch der Mut sich auf etwas Unbekanntes, Unkonventionelles einzulassen. Sich vorzuwagen in eine terra incognita. Der Zufall spielte mir in dieser wirbelnden archaischen Trommelnacht einen italienischen Bergführer in die Hände und ich ergriff sie: seine Hände. Nein, Hände sind das nicht: Pranken, Pratzen sind das,

und sie geben mir das Gefühl von Geborgenheit und Sicherheit. Eingebunden in das Kletterseil fühle ich *das große WIR*. Wie durch eine Nabelschnur verbunden entsteht eine Symbiose – klar begrenzt – auf Zeit.
Dieses *Einssein*-Dürfen mit dem Anderen, mit dem Ehepartner, mit den Kindern. Als Therapeutin weiß ich wie notwendig es ist, den Kindern rechtzeitig Flügel angedeihen zu lassen und als Mutter weiß ich um den Schmerz des Loslassens. Ein mich verzehrendes Herzeleid, das im Anblick auf das fröhliche Treiben und wohltemperierte Leben meiner Töchter gelindert wird.

Wie trefflich die Fügung einer zeitlich begrenzten Einheit mit einem italienischen Bergführer, der vor allem aber Ladiner ist.
Ja, es gibt es noch, dieses rätselhafte Volk der Räter / Ladiner, die schon vor der römischen Eroberung den Alpenraum bewohnten. Durch die Verschmelzung der römischen mit der heimischen Kultur entstand eine eigenständige Sprache. Trotz Christianisierung überleben heidnische Bräuche und Sagenfiguren bis heute. Hier tagt das »Parlament der Murmeltiere«. Blond nicht mehr, aber blauäugig, darüber faltet sich die hohe Stirn zu einem Miniaturgebirge auf. Um die Augenpartie die Westalpen, um den Mund »seine« Dolomiten; dazwischen eine kleine kräftige Stupsnase. Im Nacken sitzt der Schalk – und das zu jeder Zeit!

Durch das Zusammenfügen der Anfangsbuchstaben unserer Vornamen ergab sich das Anagramm »*IRRE*«.

IRRE: Ja, und für so irre, verrückt, absurd und vernunftwidrig halten uns jene, die nicht spüren, die sich nicht einfühlen können in die abgründigen Bedürfnisse, in die innerste Notwendigkeit unserer Seelen nach Aufbruch, nach Ausbruch, nach Freiheit, nach Erleben.

IR = SIE
Verbirgt durch demonstrativ zur Schau gestellte Weltoffenheit geschickt ihre Oberpfälzer Wurzeln. Eine tiefe Pfahlwurzel ist es, die sich da zwischen das granitene Urgestein bohrt. Die Bedeutung von Heimat und die Notwendigkeit ein stabiles Nest für ihre geliebte Familie und sich selbst zu bauen, haben zu jeder Zeit Vorrang. Die *Heimat*, das Zuhause als Kraftort, von dem aus man aufbrechen kann, in die Welt hinausziehen kann, um mit

neuen Eindrücken, mit erweitertem Horizont und bereichernden Begegnungen zurückzukehren.

RE = ER

Ein Bewegungsmeister. Ein Archai. Ein Urengel, der nach der gnostischen Lehre die Menschheitsstufe bereits auf dem alten Saturn absolvierte. Ein Freigeist mit fast weiblicher Intuition. Schweigsamkeit und Nachdenklichkeit zeichnen ihn aus und die Freude daran, Hintersinniges mit gequetschter Stimme in verstopseltes Deutsch zu packen.

»Aber das ist erst der Anfang...«

AMA DABLAM
Mutters Schmuckkästchen

2006 | EXPEDITION ZUM MATTERHORN NEPALS 6814 M

Aufzubrechen, um mich mit verquollenem Gesicht in einer Umarmung zu dritt mich selbst zu spüren.
Aufzubrechen, um auf die Knie zu sinken ... Erschöpfung und Dankbarkeit, Dankbarkeit und Erschöpfung zu empfinden.
Aufzubrechen, um das Versprechen einzuhalten, das ich dem Lama während der Zeremonie in Pangpoche gegeben hatte: Eine kleine von ihm beschriebene und verzierte Karte der Gipfelgottheit zu überbringen. Sie in den Gipfelschnee zu stecken und dazu zwei weiße Schals zwischen die Gebetsfahnen zu binden.
Aufzubrechen, um nach überwältigendem Rundblick über Everest, Nuptse und Lhotse die Krümmung der Erde wahrzunehmen.
Aufzubrechen, um mich bereits nach ganz kurzer Zeit wieder an den Abstieg zu wagen.

Schon bald nach dem Gipfel brodeln Wolken herauf, hüllen uns in kürzester Zeit in Nebel; Minuten später stecken wir im Schneetreiben. Zurück in Camp 3, entschließen wir uns, es in Windeseile abzubauen und bis Camp 2 abzusteigen. Una – das Nepalimädchen – springt über eine klaffende Querspalte und rutscht die letzten Meter zu Camp 3 auf dem Po ab.

Der weitere Abstieg verläuft auf dem schmalen Grat: ein Auf und Ab im Fels, Granittürmchen umkletternd, mal verwächtet, mal schneefrei. Heute noch bei Tageslicht, wo wir uns letzte Nacht bei sternklarem Himmel und Sichelmond emporkämpften.
Es wird dämmrig, bevor wir uns nach links wenden in ein Couloir, aus dem uns ständig kleine Schneerutsche entgegenkommen. Renatos Stirnlampe fällt aus und das Abseilen an der Wand mit diversen Fixseilen in stockdunkler Nacht gerät zum Abenteuer.

Ich bin so ungeschickt beim Umhängen des Abseilgerätes an den Fixseilknoten. Renato kommt mir zu Hilfe und so hängen wir zu zweit an einem gespannten Seil vor dem Knoten. Misslicher könnte die Lage nicht sein. Das Seil hält. Das Ausklinken wird durch die Zähnchen am Karabiner zusätzlich erschwert. Irgendwie gelingt es uns ... – weiter, weiter ...! Hinter uns Gelu mit schwerer Last: Zelt, Matten, Schlafsäcke, Kocher, Essen.
Gelu, unser Sherpa, der Übermenschliches leistet. Ohne den diese Besteigung nicht möglich gewesen wäre; Gelu – der eigentliche Held. Die Erfü-

lung unseres Traumes lag in seinen Händen. Die unsägliche Erleichterung, – denn ich war schon weit über den Zustand der Erschöpfung hinaus –, als wir endlich den kleinen Adlerhorst auf dem Grat, als wir endlich Camp 2, das wir im Aufstieg übersprungen hatten, mitten in der Nacht erreichen. Gerade mal drei bis vier Zelte finden hier Platz.

Welch Wunder, dass wir zu dritt in ein kleines Ein-Mann-Zelt schlüpfen können, das vorsorglich aufgestellt war, aber unbewohnt. Das eiskalte pappsüße Pfirsichkompott aus der Dose, von Gelu gereicht wie in einem 5-Sterne-Restaurant, entfacht höchste Glücksgefühle.

Der zu dritt ineinander verschlungene Schlaf, bis die Glutsonne sie am nächsten Morgen weckt und der Archai und sie, und sie und der Archai, sich ein Leben unten bei den Menschen nicht mehr vorstellen können. Verworrenheit erfasst sie. Sie – ganz Archai geworden – zusammengeschmolzen zu einem *WIR*.

WIR waren oben. *WIR* haben es geschafft!

Epilog
Am 13. November 2006 löst sich über Camp 3 eine Eislawine aus dem Hängegletscher, der der Ama Dablam den Namen Mutters Schmuckkästchen gibt und begräbt das kleine Gletscherplateau unter sich. Drei Sherpas, zwei schwedische und ein englischer Kletterer verlieren dabei ihr Leben.

MANASLU
Berg der Seele
2008 | EXPEDITION NACH NEPAL 8163 M

Nichts geschieht umsonst. Auch diese Reise zum »Berg der Seele« hat wieder tiefe Spuren hinterlassen und die ein oder andere neue Falte im Gesicht.

»Ich weiß nicht, ob du jemals das Selbst, dieses seltsame Ding, beobachtet hast. Es ist flüchtig wie die Wolken. Wie dein Ich sich vervielfältigt und verschiedene Gesichter annimmt.«

Aus »Der Berg der Seele« von Gao Xingjian

Manaslu – Berg der Seele

»Aufwachen *IRRE*, und nimm den guten Ohr zum Fenster« Renato steckt seinen Kopf durch die Zeltöffnung. Wir befinden uns im Basislager des Manaslu auf 4800 m.
Nein, heute nicht, nicht heute. Aus der Daunentiefe meines Monsterschlafsacks lasse ich mir ein kleines Atemlöchlein frei und bette mich auf mein linkes Ohr, das rechte resthörig »untauglich« .
Ob *Er* noch lebt? Und es ist mir so egal.
Die Schürze, ich binde mir die Schürze um. Attribut der guten Hausfrau und Mutter. Mein Ritual des Nachhause-Kommens. In der Küche bereite ich ayurvedisches Morgenkompott. Schneide Äpfel, rasple Zitronenschale, mörsere Kardamom-Samen.
Ob *Er* die Nacht überlebt hat? Ich will es gar nicht wissen.
Zimt, Zucker, Nelke – dazu ein Schuss Weißwein und in den Topf damit, zu den Äpfeln. Das Herdfeuer angedreht und schon bald durchzieht ein köstlicher Duft den Raum. Der blaue Duft der Sehnsucht. Einer Sehnsucht nach meinen Kindern, meinem Mann, die vehement Besitz von mir ergreift. Fünf lange Wochen bin ich bereits unterwegs und mir ist bewusst, dass ich meine Familie verlassen habe; dass ich diejenige bin, die hinausströmen mußte, um wieder ein Stück näher bei mir selbst anzukommen.
Ob *Er* Familie hat? Frau? Kinder? Eltern?
Die ganze Nacht über haben wir – Renato und ich – um dein Leben gekämpft. Wir haben geatmet zusammen. Du in meinen Armen, den Oberkörper erhöht an den meinen gelehnt. Ausatmung – »schschschsch« – Pause – Einatmung kommen lassen. Lösen, entspannen – Lööööösen! Aber es brodelt wie kochendes Wasser aus dir heraus. Ein Lungenödem. Jeder Atemzug ein Kampf. »Kortison, Renato, ich brauche Kortison.«

Renato zieht die Spritzen auf, ich steche zu. Einmal, zweimal, dreimal 4 mg. Dazu Diamox zur Entwässerung und etwas gegen die Erfrierungen.
»Atme ruhig, komm wir schaffen das. Lehne dich zurück in meine Umarmung. Fühle meine Hände auf deinem Bauch, ja so ist es gut; atme tief, ganz tief in meine Hände hinein«.
Stunde um Stunde vergeht. Die Gasfunzel schimmert spärlich, die Kälte kriecht durch unsere Lagerstätte. Renato bringt Decken, Schlafsäcke, eine Isomatte wird als Rückenlehne umfunktioniert.

Der Morgen dämmert schon, *Er* ist eingeschlafen. Ich krabble in unser Schlafzelt – schlummernd und dösend verwischt die Realität. Was ist Wirklichkeit, was Wahrheit, was Leben?
Hören, aber das Gehörte nicht aufnehmen können, weil mich der Traum weit weg von hier nach Hause trägt.
»Guten Morgen *IRRE* – *Er* lebt, *Er* lebt! Ich bringe dir das Frühstück ans Bett.«

Epilog
Günther hat überlebt.
Er wollte den Manaslu auf Skiern besteigen und schaffte es weit bis über Camp 3 und 4 auf eine Höhe von nahezu 7900 m. Zum Umkehren gezwungen verbrachte er drei weitere Tage und Nächte auf einer Höhe von ca. 7500 m. Stuart, ein Amerikaner der Expedition von Russel Brice, fand ihn verwirrt vor seinem Zelt sitzend und brachte ihn ins Basislager zurück. Von Stuart gestützt wankte er während unseres Abendessens ins Speisezelt.

Manaslu – Berg der Seele – 01. Oktober

Ein Füllhorn der Entbehrung

»Ja, Vater, Dir bin ich noch eine Antwort schuldig. Halte durch!«
Aufwärts steigst du in einem Zwischenreich zwischen Tod und Leben. Existierst du noch? Fließt noch Blut in deinen Adern? Ist deine Lunge schon zerrissen? Dein Gehirn schon eingefroren? Denken nicht mehr möglich. Ist das der Zustand, den du zu erreichen suchst?

Ich habe auf ein Wunder gehofft, aber es gibt keine Wunder. Ich kehre um.
»Oh – Berg der Seele, Du hast es geschafft.« Ich bin vollkommen leer, willenlos. So muss es aussehen – das Nirwana.

Die »summit attack« – was für ein entsetzlicher Ausdruck – und wir sind noch weit davon entfernt – ist nicht für mich geschaffen. Die ganze Nacht kein Auge zugetan. Neben dem fröhlich schnarchenden, dann wieder japsenden und keuchenden Renato hibble ich rückenschmerzgeplagt im engen Zelt auf Camp 1 auf 5600 Meter Höhe. Viermal Pinkeln: Stirnlampe an, aus dem Schlafsack in die Riesenstiefel – tapp, tapp, drei,vier Schritte vor das Zelt, sternenklarer Himmel und minus 25° Celsius. Das Wetterfenster?

4:30
Ich habe ein flaues Gefühl im Magen.
5:00
Ich fröstle, friere, schwitze.
5:30
Early-Morning-Tea

»Oh Renato ich brauche noch einen Restday«. Drinnen wie draußen klirrende Kälte. Nein, ich kann heute nicht, oder will ich nicht, oder ich will nicht können? Ein Ringen zwischen Motivation und Erschöpfung. »Du bist vielleicht höhenkrank«, höre ich ihn sagen. »Aber nein, du spinnst wohl; ich brauche einfach einen Tag Ruhe.« Aber Renato beginnt sich fertig zu machen, sorgfältig und mit Bedacht. Er bespricht mit Pasang und Ang Phurba, unseren Sherpas, die Materialaufteilung der Rucksäcke. Die Route ist mir bekannt; wir waren schon einmal oben bis kurz unter Camp 2 gewesen, um uns zu akklimatisieren. Und so raffe auch ich mich auf und stapfe los. Vielleicht zu schnell, denn leider fehlt mir kurz darauf in der gefährlichen Querung unter dem Serac die Kraft, diese zügig zu bewältigen.

Zwei Stunden später, eingebunden am Fixseil, quäle ich mich jümarnd in der langen steilen Rinne Meter für Meter hoch. Ein französischer Kinderarzt wartet geduldig am Fixseil hinter mir und schenkt mir ein paar aufmunternde Worte. Ich blockiere die Nachkommenden. Renato hockt wartend ein paar Schritte über mir. »Das wird heute nix«, sagt er und so kommt es zwischen uns mitten im Steilhang mitten im Getümmel der Wartenden zu einem dramatischen Abschied. Renato küsst mich heulend und stammelt etwas von »Scheiß Egoismus«. In unsere Umarmung hinein wünsche ich ihm viel Glück für den Gipfel, verspreche morgen nachzukommen und weiß doch genau, dass sich hier unsere Wege trennen.
Sein Weg führt mit Pasang nach oben. Mein Weg führt mit Ang Phurba nach unten.

Das erste Mal seit sieben Jahren gehen wir getrennte Wege; lösen es auf, unser *Wir* auf Zeit. Was hat das zu bedeuten? Er hat mich aufgegeben für den Gipfel, ich passe nicht in das Wetterfenster. Und meine Tränen bedeuten Alles und Nichts. Oh, Manaslu!

Epilog
Der französische Kinderarzt wird am 05. Oktober bereits sterbend ins Basislager geschleppt.

Manaslu – Berg der Seele – 02. Oktober

Renato und Pasang verbrachten die Nacht in Camp 2 auf 6800 m, betend, bangend im Sturm. Sie haben beide keine Minute geschlafen. Ein Weiterkommen war an diesem Tag nicht möglich, sie steigen sofort ab.

Ich verbrachte, nach verheultem Nachmittag, die Nacht auf Camp 1. Alleine, mit meiner Wärmflasche im Arm. Versuchte meine Gedanken zu ordnen, dieses heuchlerische *Wir* unter die Lupe zu nehmen. Wieviel von diesem *Wir* bin eigentlich *ich* und wieviel *du.*Und es wird mir bewusst, dass dein *Du* es noch vor mir gespürt hast, dass mein *Ich* sich verändert hat. Meine Leidensfähigkeit, mein Einsatz für diesen Berg nicht ausreicht. Dass eine Entknüpfung stattfindet, wenn das gemeinsame Ziel sich verflüchtigt. Wir haben das Seil, das Fixseil, nicht durchtrennt, aber wir sind von einem Punkt aus in entgegengesetzte Richtungen aufgebrochen.

Ich frühstücke mit *Ang Phurba* und er erzählt unbefangen schnörkellos sein Leben. Die Mutter starb als er zehn Jahre alt war. Mit dreizehn arbeitete er als Lastenträger. Dabei hat er sich an beiden Füßen alle Zehen erfroren. Sie mussten amputiert werden. Mit vierzehn arbeitete er weiter als Träger-Sherpa. Der Vater und der Bruder wanderten zum Straßenbau nach Sikkim aus. Sie starben beide kurz darauf am Alkohol. Er hat sich hochgedient vom Träger-Sherpa zum Koch-Sherpa. Von Expeditionsteilnehmern unterstützt konnte er sich weiterbilden zum Führer-Sherpa, Belgien und die Schweiz besuchen. Er ist strenger Buddhist, lebt als Mönch.

Das relativiert – das rückt gerade!
Nach Ankunft von Renato und Pasang machen wir uns eilig auf dem Weg nach unten. Im dichten Nebel, diesem Ur-Chaos, gibt es keine Möglichkeit der Unterscheidung mehr. Die Aufstiegsspur durch Spaltzonen und

Abbrüche vom Basislager zu Camp 1, die wir mit Bambusstäben markiert hatten, ist durch den Sturm, den Nebel und die heftigen Schneefälle der Nacht nicht mehr auffindbar.

Durch »schwimmenden« Pulverschnee ohne festen Boden taste ich mich in Renatos Schritten vorwärts. Pasang und Ang Phurba wühlen und stochern, für mich nur mehr schemenhaft erkennbar, auf der Suche nach der richtigen Stelle, um zum Gletscherplateau absteigen zu können. Es besteht weder ein Oben noch ein Unten. Kein Links und kein Rechts. Keine Ordnung, keine Ortung und selbst die Kontur meines Körpers löst sich nach und nach auf. Nur das eisige Bewusstsein, rein auf Funktionieren ausgerichtet, auf den nächsten Schritt. Ich habe Angst.

Manaslu – Berg der Seele – 03. Oktober – Basislager

Hurrikan über China.

Zyklon über Indien.

Wetterfenster an dem Manaslu.

Plötzlich herrscht reges Leben hier in der kleinen Zeltstadt mit ihren verschiedenen Quartieren.

Die Japaner winken ihren drei stärksten Mitgliedern nach, geführt von einem Climbing Sherpa.

Die feschen Abruzzaner unter Leitung von Gaetano di Blasio brechen ab .

Die Koblergruppe wieder im Basislager.

Die Neuankömmlinge aus Korea feiern Puja.

Edurne Pasaban aus dem Baskenland, mit ihrem spanischen Team unterwegs.

Nives Meroi, die italienische Extrembergsteigerin, mit Ihrem Mann Romano Benet und Luca Wuerich, unterwegs

Beide Frauen, Edurne und Nives, im Wettstreit mit der Österreicherin Gerlinde Kaltenbrunner und der Koreanerin Oh-Eun- Sun, wer als erste Frau alle vierzehn Achttausender bestiegen haben wird.

Tobi und Andreu aus Katalanien, Günther und Juri auf Camp 2.

Der spanische Extrembergsteiger Juanito Oiarzabal, der bereits alle vierzehn Achttausender bestiegen hat, und sich zum Ziel gesetzt hat, diese doppelt zu besteigen, gibt auf. Eine Lawine hat sein gesamtes Equipment auf Camp 2 zerstört.

Die Franzosengruppe auf Camp 2.

Mitglieder einer englischen und Mitglieder einer internationalen Expedition von dem Neuseeländer Russel Brice irgendwo dazwischen. Er selbst beobachtet mit seinem Fernrohr die Gruppe, und gibt Anweisungen und den aktuellen Wetterbericht über Satellitentelefon durch.

Wir: nicht dabei. Können dieses Wetterfester nicht nutzen, sind zu erschöpft.

Renato offenbart mir seine Angst der vorletzten Nacht: »Wir haben die ganze Nacht gebetet und Pasang hat mir das Amulett von Ang Phurba in die Hand gedrückt. So fertig war ich noch nie in meine Leben – sonst bin immer ich die Energie … «.

Ja, das stimmt, du bist meine Kraftquelle. Als Mutter steht das Wohl und das Glück meiner Kinder, meiner Familie, stets im Vordergrund. Als Therapeutin verwischt gerade bei schwerkranken Patienten die Grenze zwischen professioneller Einfühlung und eigenem Mitleiden. Dazu ein enges Zeitkorsett. Aber wenn wir gemeinsam unterwegs sind, gemeinsam klettern, gemeinsam Berge besteigen, docke ich mich an an dich. Du schenkst mir Halt, klare Regeln, Präzision, Führung. Werte, die ich tagtäglich verteile und auf diese Weise zurückbekomme. Wunderbar!

»Bist du jetzt enttäuscht von mir?« fragt Renato nach, und ich verstecke mein Gesicht hinter meinem Tagebuch. Mein Tagebuch: meine Waffe, meine Zuflucht, mein Heil. Bin ich enttäuscht, weil er ohne mich aufgestiegen ist? Vielleicht hätte ich genauso gehandelt …

Manaslu – Berg der Seele – 04. Oktober

Sonne pur und wolkenlos; heiß ist es hier im Basislager; aus den steilen Felswänden krachen und donnern pausenlos Lawinen aus Schnee und Geröll auf den Gletscher. Vereint im Zelt sehen wir eine Chance darin, getrennt und zeitversetzt mit unseren jeweiligen Sherpas aufzusteigen um ab Camp 3, auf 7400 Metern, gemeinsam Richtung Gipfel ziehen zu können.

Nives Meroi erreicht mit Romano Benet und Luca Wuerich den Gipfel.

Tobi und Andreu kehren schwach und erschöpft von Camp 2 zurück.

Ein Mitglied von Russel Brice berichtet schockiert von durch hüfthohen Schnee spurenden Sherpas, oben. Sie haben abgebrochen .

Renato hängt sein nasses Handtuch an die Gebetsfahnen! Frevel? *Er* möchte es noch einmal versuchen – *ich* nicht!

Neue Allianzen haben sich gebildet.

Er wird morgen aufbrechen mit Pasang und Ang Thurba mit Giorgio und Matheo, seinen Bergführerkollegen aus Italien. Für das frisch vermählte Paar Giorgio und Rosanna sollte es der Höhepunkt ihrer Hochzeitsreise sein zusammen, Hand in Hand auf dem Manaslu zu stehen.

Rosanna und ich bleiben zurück.

Manaslu – Berg der Seele – 05. Oktober

Sie sagt, du warst es doch, der erklärt hat, dass Liebe nur eine Illusion ist, mit der die Menschen sich selbst täuschen. Du hast niemals geglaubt, dass es wahre Liebe gibt, entweder besitzt der Mann die Frau oder umgekehrt, es geht nur darum sich viele schöne Kindermärchen auszudenken, damit die schwachen und labilen Gemüter etwas haben, zu dem sie sich flüchten können. Sie schreit, dass sie nicht mehr mit Dir weiter kann und sie sagt, sie werde sich nicht anklammern, du wirst keine Last an ihr haben, du wirst schneller und bequemer den Berg der Seele erreichen, oder auch die Hölle. Falls es zum Schluss noch etwas zu sagen gibt, dann, dass sie dir dankt, dir dankt für das Stück Weg, das du mit ihr zurückgelegt hast.

Du bist entschlossen nicht zu ihr hinzusehen, du gehst allein weiter und fühlst eine grosse Leere in deinem Herzen als ob du etwas verloren hättest, zugleich aber auch eine Erleichterung...

Aus »Der Berg der Seele« von Gao Xingjian

4:00
Der tote Franzose ein paar Zelte weiter wird für den Abtransport ins Tal hergerichtet.

6:00
Und da zieht *Er* von dannen, in die sternklare Finsternis hinein bei starkem Wind und Wetterleuchten zusammen mit seiner neu gebildeten Gruppe.

9:00
Ich sitze beim Frühstück im Speisezelt, großer Trommel sprich Blechteller Wirbel. Edurne Pasabang hat mit Asier Izaguirre mit Ester Sabadell mit Juanjo Garra mit Ferran Latorre mit Alex Txikon und mit Mikel Zabalza und mit zwei Sherpas den Gipfel erreicht. Es ist ihr elfter Achttausender.

Freud und Leid, Jubel und Trauer – so nah beisammen.
Rosanna und ich bangen um unsere Helden; spazieren zu Nives, Romano und Luca, um zu gratulieren; statten Russel Brice einen Besuch ab und erfahren den neuesten Wetterbericht: ab morgen Schneefall und sechzig Knoten Wind!

17:00
Gewittriges Schneetreiben, sie könnten schon auf Camp 2 sein ...

19:00
Nachricht von Renato. »Wir haben den Aufstieg von 2000 Höhenmetern bis Camp 2 geschafft und möchten nach kurzer Rast um 22:00 Uhr Richtung Gipfel aufbrechen. Günther ist hier oben mit Erfrierungen.«

»Ich bin im Paradies, habe deine zwei Engeln« sagt er dann noch. »Oje, jetzt ist er verrückt geworden!«, denke ich.
Und ich hoffe, sie meutern nicht, meine zwei Engel, ob dieser Überforderung. Engel wirken zwar wunderbar, aber Wunder können sie nicht vollbringen. Im Buch Hiob (*38:7*) spricht »der Herr aus dem Wirbelwind«

»über die singenden Sterne«, die er den Engeln gleichsetzt, doch bei diesem Schneetreiben bleiben auch die Sterne unsichtbar.

Es schneit und schneit unaufhörlich die ganze Nacht hier im Basislager. Stündlich muss ich mein Zelt abschütteln; es wieder und wieder von außen ausbuddeln. Fast eine willkommene Ablenkung, denn an Schlaf ist nicht zu denken. Ich habe deine Besessenheit von diesem Gipfel gespürt und sie hat mich geängstigt. Geängstigt, weil ich dich nie so kennengelernt habe. Du seist froh, dass wenigstens ich in Sicherheit bin und für dein Handeln seist du selbst verantwortlich, hast du beim Abschied gesagt. Luftlinie sind wir nur etwa drei Kilometer voneinander entfernt, doch es scheint mir, als lägen Welten dazwischen.

Manaslu – Berg der Seele – 06. Oktober

6:00
Du bist jetzt vierundzwanzig Stunden unterwegs, meiner Berechnung nach könntet ihr frühestens um neun Uhr den Gipfel erreichen. Es hat aufgehört zu schneien, ich fühle mich entspannter…, der Tag bricht langsam an.

6:30
»Bad weather also there – all people come down« – eine Nachricht, die von den Kitchen Boys verbreitet wird.

Ja, aber ob unsere Jungs so einsichtig sind, das bezweifele ich. Im Daoismus gibt es für das friedliche und ruhige Nichthandeln den Weisen Wu Wei. Ein sich im »Nichterzwingen« Übender.

Und während ich so vor mich hinphilosophiere, vergeht der Vormittag. Und, nein, ich fass es nicht, der Weise Wu Wei steht vor mir. Renato mitsamt seiner Kamikaze Truppe; sie sind tatsächlich umgekehrt. Welches Glück doch aus »Nichthandeln« entsteht.
»Edurne, fresh like a rose«, sagt Asier, als sie aus dem Duschzelt tritt. Sie alle haben den Gipfel erreicht; sind erschöpft, aber glücklich wieder zurück. Bei unserem Besuch nachmittags fallen wir uns durcheinander und übereinander wild in die Arme.
Die Umarmung von Edurne und Asier wirbelt all meine anteilnehmenden Spiegelneuronen, all meine durchlebten Ängste, all meine Trauer über unser Scheitern, all die Freuden und Leiden der letzten Wochen auf und ich

kann diese Freudentränen, Zorntränen, Trauertränen nicht mehr zurückhalten. Ferran filmt mich so verrotzt mit blau-weiß verschmiertem Gesicht aus Sonnenschutz und Tränen.

Rückblick

Von Anfang an war diese Expedition vertrackt. Eigentliches Ziel sollte der Cho Oyu in Tibet sein, aber die Chinesen gaben aus politischen Gründen den Berg 2008 nicht frei. So landeten wir in Kathmandu und entschlossen uns ins Basislager des Manaslu zu wandern.

Die erste Etappe führte von *Arkhet Bazar* nach *Lapubesi*, wo ein Fest zu Ehren der Göttin Lakshmi gefeiert wurde. Umtobt von einem, unter wildem Getrommel ekstatisch wirbelndem Maskentänzer hockten wir bei 30° Ceslsius mitten auf dem Dorfplatz.

Was immer ich auch konsumierte an diesem Nachmittag, ich büßte es jämmerlich in jener Zeltnacht. So erbärmlich, dem eigenen Körper vollkommen ausgeliefert und den Blicken der neugierigen nepalesischen Gaffer ausgesetzt. Renato umsorgte mich liebevoll, fütterte mir löffelweise Tee und etwas Reis, und wir beschlossen, statt eines Tagesmarsches nur zwei Stunden ins nächste Dorf zu gehen. Pasang trug mich streckenweise auf seinen Schultern dorthin.

In *Machhakhola* schlossen wir uns der spanischen Expedition von Edurne Pasaban an. Von einem Filmteam und den besten Bergsteigern Spaniens begleitet, entschied auch sie sich für den Fußmarsch. Wir feierten Renatos Geburtstag mit Kuchen und Kerze zusammen, und eigentlich feierten wir jeden Tag irgendetwas.

Allen voran Edurne und ihr Cousin Asier, aber auch Juanjo, Alex, Ferran, Mikel und Ester sind mir richtig ans Herz gewachsen.

In *Sama Goah* trennten sich unsere Wege. Ich musste mich noch erholen und Kräfte sammeln bevor auch wir zum Basislager auf 4800 Meter Höhe aufstiegen.

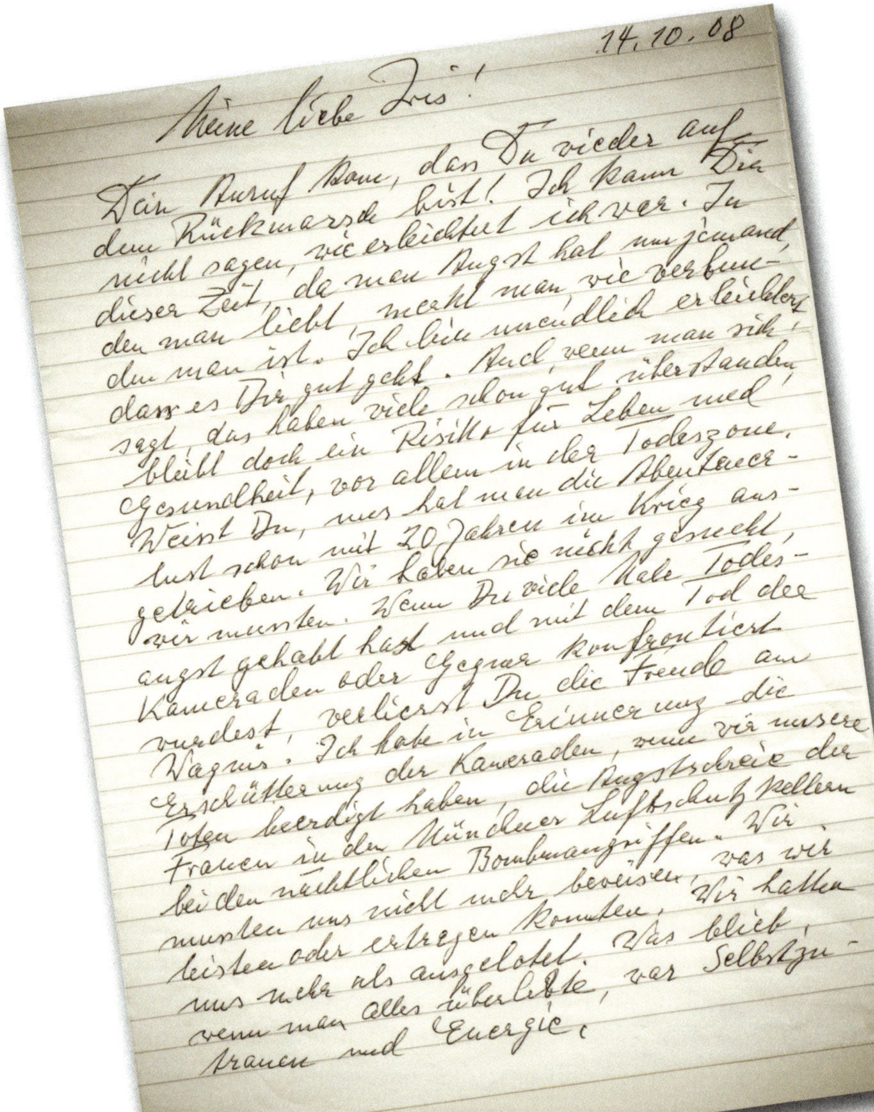
14.10.08

Meine liebe Iris!

Dein Anruf kam, dass Du wieder auf
dem Rückmarsch bist! Ich kann Dir
nicht sagen, wie erleichtert ich war. In
dieser Zeit, da man Angst hat um jemand,
den man liebt, merkt man, wie verbun-
den man ist. Ich bin unendlich erleichtert,
dass es Dir gut geht. Auch wenn man sich
sagt, das haben viele schon gut überstanden,
bleibt doch ein Risiko für Leben und
Gesundheit, vor allem in der Todeszone.
Weisst Du, uns hat man die Abenteuer-
lust schon mit 20 Jahren im Krieg aus-
getrieben. Wir haben sie nicht gesucht,
wir mussten. Wenn Du viele Male Todes-
angst gehabt hast und mit dem Tod der
Kameraden oder Gegner konfrontiert
wurdest, verlierst Du die Freude am
Wagnis. Ich habe in Erinnerung die
Erschütterung der Kameraden, wenn wir unsere
Toten beerdigt haben, die Angstschreie der
Frauen in den Münchner Luftschutzkellern
bei den nächtlichen Bombenangriffen. Wir
mussten uns nicht mehr beweisen, was wir
leisten oder ertragen konnten. Wir hatten
uns mehr als ausgelotet. Was blieb,
wenn man alles überlebte, war Selbstver-
trauen und Energie.

handgeschrieben mit fast neunzig Jahren.

Berg-Auseinandersetzung

BRIEFWECHSEL

Meine liebe Iris!

Dein Anruf kam, dass Du wieder auf dem Rückmarsch bist. Ich kann Dir nicht sagen, wie erleichtert ich war. In dieser Zeit, da man Angst hat um jemand, den man liebt, merkt man, wie verbunden man ist. Ich bin unendlich erleichtert, dass es Dir gut geht. Auch wenn man sich sagt, das haben viele schon gut überstanden, bleibt doch ein Risiko für Leben und Gesundheit, vor allem in der Todeszone. Weisst Du, mir hat man die Abenteuerlust schon mit 20 Jahren im Krieg ausgetrieben. Wir haben sie nie gesucht, wir mussten. Wenn Du viele Male Todesangst gehabt hast und mit dem Tod der Kameraden oder Gegner konfrontiert wurdest, verlierst Du die Freude am Wagnis. Ich habe in Erinnerung die Erschütterung der Kameraden, wenn wir unsere Toten beerdigt haben, die Angstschreie der Frauen in den Münchner Luftschutzkellern bei den nächtlichen Bombenangriffen. Wir mussten uns nicht mehr beweisen, was wir leisten oder ertragen konnten. Wir hatten uns mehr als ausgelotet. Was blieb, wenn man alles überlebte, war Selbstvertrauen und Energie...

Lieber Vater,

Ich möchte dir antworten, dass es mir sehr leid tut dir Kummer bereitet zu haben.

Ich möchte dir antworten, dass ich weiß wie schwer Ungewissheit zu ertragen ist. Denn wir, die wir unterwegs sind, können die Momente der Gefahr erkennen, fürchten uns gezielt vor bestimmten Situationen und reagieren darauf. Ob richtig oder falsch, sei dahingestellt. Aber euch zuhause Gebliebenen, euch bleibt vage richtungslose Angst.

Ich möchte Dir antworten, dass ich mich sehr wohl vorbereitet habe auf dieses Wagnis Achttausender. Dass ich meine eigenen und die Beweggründe anderer unter die Lupe nahm.

»Warum wir Berge besteigen? Weil sie da sind!« Diese Antwort von Sir Edmund Hillary erscheint mir doch zu simpel. Vermutlich reagierte er auf die Aufgeregtheit seiner Umwelt mit einer gewissen Flapsigkeit. Auch Renato bedient sich manchmal dieser Rhetorik auf die Frage des »Warum« mit »Warum nicht?« zu kontern.

Der Dichter Karim schreibt 1635: ***»Er, der Berg, hat keinen Preis und ist zugleich alles was man begehrt: Pracht, Grandeur, Würde, Prunk, Schönheit, Eleganz.«*** In den heutigen Tagen hat der Berg einen Preis, und zwar einen gesalzenen. Und die Suche nach sich selbst ist der Abenteuerindustrie zum Opfer gefallen. Der Berg wird zum Sportgerät degradiert.

Pessoa malt bildhaft aus und gibt zu denken!
»Den einen verweist der Berg in die gelebte Vergangenheit, den anderen gönnt er eine Vision. [...] Erreichen wir die Höhen natürlicher Berge empfinden wir dies als Privileg. Wir ragen höher auf als der Gipfel, auf dem wir stehen. Das höchste der Natur, zumindest an diesem Ort, liegt uns zu Füßen. Wir sind Könige der sichtbaren Welt. Doch sollte uns Gott, wie Jupiter mit zuckenden Blitzen verfluchen, oder wie Äolus, mit entfesselnden Winden, wären wir geschützter im Tal und am sichersten bäuchlings auf dem Boden. Wahrhaft weise ist, wer die Kraft zur Höhe in den Muskeln hat und in seiner Einsicht den Aufstieg ablehnt.«
Wahrhaft weise oder gar einsichtig bin ich natürlich nicht. Immer wieder versuche ich wie ein Hamster im Rad durch eigene Kraft ein Bergziel zu

erreichen, mich mittels meines Körpers emporzuarbeiten, um ein alles Überragendes zu erreichen. Das Erhabene, scheinbar grenzenlos allem Irdischen und der Endlichkeit Enthobene körperlich und spirituell zu erleben. Wohlwissend wie privilegiert ich bin, mich nicht zum täglichen Broterwerb dieser Gefahr ausliefern zu müssen, sondern dem Reiz erliegen zu dürfen, mich einer Unfassbarkeit zu nähern, die die Grenze meiner Sinne oder meines Verstandes überschreitet.

Privilegiert auch durch die späte Geburt, gehöre ich einer Generation an, die nie einen Krieg erleben musste. Du Vater, warst in deiner Funktion als Arzt angetreten, Leben zu retten, als Soldat warst Du dazu verurteilt, Leben auszulöschen. Binnen Sekunden musstest du zwischen Freund und Feind unterscheiden und blitzschnell reagieren. Ein seelisch-geistig unüberwindbarer Konflikt der zwar Verdrängung, nie aber dessen Verarbeitung gestattet.

Dich und deine Generation hat man um ihre Jugend betrogen. Man hat euch nicht nur mit dem Tod konfrontiert, sondern Euch auch mit der Schuld daran alleingelassen, denn Rechtfertigung für die Greuel wird es nie geben. Dennoch hast du deinem Schicksal eine gute Seite abgerungen:

Dein reines Überleben, schreibst Du, habe Dich gestärkt und dich daraus Selbstvertrauen gewinnen lassen. Vielleicht schöpfe ich mein Selbstwertgefühl aus einer sich ständig wiederholenden Überwindung negativ besetzter Gefühle wie Angst oder Anstrengung, indem ich sie umkehre und immer wieder aufs Neue suche.

Dieses Wagnis »Berg«, das mich auf mich selbst zurückwirft, bei dem ich mich ganz zu 100 Prozent einlassen muss. Ein Wagnis, bei dem ich die Kontrolle über mich verlieren kann, aber bei dem ich auch den Wert einer Geborgenheit, den Wert Vertrauen zu können, empfinden darf. Gerade als Mutter möchte ich meinen Töchtern diese vorsichtige Annäherung an die eigene Person vorleben und damit spielerisch experimentieren zwischen Vertrauen können und Selbstvertrauen haben.

Sanft und zauberhaft auch die Herangehensweise an einen Berg von Lama Govind in den Buch »Der Weg der weißen Wolken«:
»Um die Größe eines Berges wahrnehmen zu können, müssen wir Distanz zu ihm halten. Um seine Form in uns aufzunehmen, müssen wir ihn umwan-

deln. Um seine Stimmungen zu erleben, müssen wir ihn zu allen Tages- und Jahreszeiten beobachten. Bei Sonnenaufgang und bei Sonnenuntergang. Zur Mittagszeit und in der Stille der Nacht. An trüben Regentagen und unter blauem Himmel. Im Winterschnee und im Gewittersturm. Wer den Berg auf diese Weise kennenlernt, kommt seinem Wesen nahe, das ebenso intensiv und vielfältig ist wie das eines Menschen. Berge wachsen und zerfallen, sie atmen und pulsieren von Leben. Sie sammeln unsichtbare Kräfte aus der Umgebung: Die Kräfte der Luft, des Wassers, der Elektrizität und des Magnetismus. Durch sie entstehen Wolken und Winde, Gewitter und Regen, Wasserfälle und Flüsse. Sie füllen ihre Umgebung mit tätigem Leben und bieten unzähligen Wesen Nahrung und Schutz. Darin besteht die Größe eines Berges.«

All das, Vater, möchte ich dir antworten, aber für den intellektuellen Austausch bleibt uns nicht mehr genügend Zeit. Du bist dabei dich auf den Weg zu machen, auf den Weg zu den weißen Wolken. Unendlich lange verharren wir nach meiner Rückkehr in inniger Umarmung.

»Werden im Vergehen« Collage/Mischtechnik 2005

»Höhlenflüg« Collage/Mischtechnik 1988

Reflexionen und neue Abenteuer

WO SICH VERGANGENHEIT UND ZUKUNFT BERÜHREN 2009

»Hast Du eine Zunge, um zu stören?», kraftmeiert der Italiener auf meine skeptischen Bedenken, noch einmal den Mont Blanc zu besteigen. Er, bestens versorgt mit ideologischem Treibstoff, möchte mich wieder herauslocken aus meiner selbst gewählten Isolation. Mich herausbrechen, aus meinem Kokon, in den ich mich eingesponnen habe nach Vaters Tod.

Es ist ein kühler Novembertag Anfang Mai – grau, regnerisch – und ich wage zu zaudern und zu zögern, meine Gedanken umherzutragen, gleich den Seilen des Zauderer *Oknos*. Sie zu spinnen, um sie kurz danach zu zertrennen, zu zerstreuen. Muss ich denn immer etwas leisten, etwas vorzeigen, um Lebensberechtigung zu erlangen. Bin ich dermaßen ergänzungsbedürftig, dass ich mich noch einmal auf diese Tortur Mont-Blanc einlassen werde? Ist es nicht genug, dass wir wieder heil von der Manaslu-Expedition zurückgekehrt waren?

Anfang März 2009 verlagerte ich meinen Wohnsitz zunächst unbefristet zurück in mein Elternhaus nach Regensburg, um zusammen mit seiner zweiten Frau Claire meinen Vater zu pflegen. Diese intensive Auseinandersetzung mit dem Alter, mit dem Tod ließ mich zu dem Buch von Norberto Bobbio »De Senectute« greifen:

»Ich habe gelernt, die Ideen anderer zu respektieren, vor dem Geheimnis innezuhalten, dass jedes individuelle Bewusstsein birgt; zu verstehen, bevor ich diskutiere und zu diskutieren, bevor ich urteile.«

Noch weit davon entfernt, diese Weisheit umzusetzen, hat sie sich in meinem Herzen eingenistet und dazu beigetragen, mein Leben Stück für Stück zu entschleunigen. Hinzufügen möchte ich diesen Zeilen:
»Zu reflektieren, was gewesen, bevor ich handle.«
Und dazu benötige ich Zeit.

Das dadurch entstandene Gefühl einer liebevollen und tiefen Zusammengehörigkeit mit Claire durch unsere gemeinsame Aufgabe, unsere gemeinsame Trauer, das anschließende Räumen, Ordnen und Umbauen hat mich trotz aller Anstrengung gestärkt und Raum für Veränderungen geschaffen. Wie ein ins Wasser gefallener Stein und seine ihn umkreisenden Wellen, begann auch ich von innen nach außen die verschiedenen Standpunkte meiner geliebten Familie und die meines Freundeskreises zu lokalisieren und zu reflektieren. Die Kinder – erwachsen und ausgezogen –, der Mann – bücherschreibend, freigeistig. Das ermöglichte auch mir, mich aus überkommenen Strukturen herauszulösen und mir ein eigenes Refugium, einen Denkerturm zu gestalten, ein kleines Nest.

Behutsam und vorsichtig, ohne Brüche zu riskieren, gelang uns – meinem Mann und mir – eine liebevolle sich gegenseitig befruchtende, zugeneigte Form der Partnerschaft. Dass Neigung ein wenig Abstand erfordert, um ein Zusammenkommen zu ermöglichen, haben wir dabei gelernt. Auch bei dem Berg-Paar *IRRE* gab es Klärungsbedarf, Emanzipationsbedarf meinerseits. Doch schon Ende Mai bin ich dem Reiz des »Wilden Lebens« erneut erlegen. »Meine Zunge wird nicht länger stören«. »Wissen kann nur durch eigenes Erleben erlangt werden«, sagt der Draufgänger, der Hedonist in mir. Optimismus ja, Gier nein, und das gelassene Hinnehmen dessen, was die Natur für mich bereithält. So möchte ich mich fortan dem Berg nähern.

MONT BLANC Reflexionen

DIESMAL 2009 | DAMALS 2006 | DAMALS-DAMALS 2000 | 4810 M

Diesmal, – Frühling 2009 mit Ski ab Cosmique Hütte

Damals – Sommer 2006 Überschreitung zu Fuß ab Cosmique Hütte mit Abstieg über die Gouter Hütte

Damals-Damals – Frühling 2000 mit Ski über die Grands Mulets Route

Diesmal, am 1. Juni 2009, diesmal mit Ski fühle ich mich schwach, zu schwach für die Gruppe, die, angeführt von Renatos Kollege Cesare um 2:00 Uhr früh von der Cosmique Hütte, nach kurzer Abfahrt, Spitzkehre für Spitzkehre, den Steilhang der Tacul-Flanke hochzieht. Ich bin langsam, wir fallen zurück. Ich weiß um die gefährlichen Eistürme über uns.

Damals, am 8. September 2006 – es war Renatos Geburtstag –, damals bei der Sommerbesteigung hatte ich an dieser Stelle entsetzliche Bauchkrämpfe, dazu Durchfall. Renato zog am Seil und schleifte mich förmlich durch diesen steilen Abschnitt, durch diese »Russisch-Roulette-Querung«, wie er es nannte, bis zu der etwas flacheren Westschulter des Tacul. Und was hatte dieser Wilde schon damals aus mir gemacht – wie weit war ich gesunken? –, dass ich mich ohne Scheu, ohne Sichtschutz auf dem kleinen Plateau einer Gletscherspalte, noch halb im Seil hängend, auszog, niederhockte und – Puh! – mich erleichterte?

Diesmal, 2009, fühle ich mich gut, aber es fehlt mir an Kondition. Wir lassen den Gipfel des Mont Blanc du Tacul links liegen und rutschen zu dem Sattel zwischen Tacul und Mont Maudit ab, um anschließend die circa 48° Grad steile und 220 Meter lange Firn und Eisflanke zur Schulter unterhalb des Mont Maudit hochzusteigen, die Ski am Rucksack befestigt.

Damals, 2006, kehrte hier, in dieser steilen Rinne, eine Seilschaft vor uns um. Der hohe Gewitterschnee der Nacht fühlte sich wie Styroporkügelchen an und darin zu Versinken ängstigte anscheinend nicht nur mich. An einem Fixseil hangelten wir uns zu einem felsigen Durchschlupf, die ersten Sonnenstrahlen oben auf dem Sattel wärmten Körper und Seelen. Der Blick auf Chamonix, die Lichter, der Vollmond und das Wetterleuchten weit im Westen: irrational, fast gespenstisch. Die anschließende vereiste Traverse zum Col de la Brenva wieder schattig und kalt. Aber der Mont Blanc lag vor uns – zum Greifen nah.

Diesmal, 2009, sehen wir während der Querung zum Col de la Brenva Cesare und die Freunde unter dem langen Gipfelhang pausieren. Einholen werden wir sie nicht, denn auch wir legen unterhalb des letzten Aufschwungs zum Gipfel auf circa 4700 m Höhe eine Rast ein. Der plötzlich aus heiterem Himmel auftretende Sturm wirft mich einfach um und in Nu wird jede Bewegung zum Abenteuer.

Damals, 2006, zogen wir, zog ich, die letzten 400 Höhenmeter – mein Bauch hatte sich beruhigt – fast leichten Fußes dem Gipfel entgegen. Nach circa sieben Stunden am Ziel, stimmte ich bei wolkenlosem Himmel ein »Happy Birthday, Renato«, ein »Wie schön, dass du geboren bist«, ein Trallala an. Es war Renatos 45. Geburtstag. Welch ein Zufall, dass im Jahr 2000, sprich *damals-damals*. auch ich meinen 45. Geburtstag auf dem Mont Blanc feiern konnte?

Damals, 2006, beim Abstieg über den Grat zum Biwak Vallon, erinnerte ich mich daran, wie wir uns *damals-damals* im Jahr 2000 von der Grands Mulets Hütte kommend, hier die letzten 500 Höhenmeter auf den Bossesgrat hochgekämpft hatten. Ab Biwak Vallon folgten wir nun den Spuren zur Gouter Hütte, sicherten uns an den Fixseilen des Klettersteigs nach unten, bevor wir die gefährliche Traverse des Grand Couloir durcheilten. In letzter Minute erreichten wir am Gare den Zug und später die letzte Seilbahn bis Les Houches.

Diesmal jedoch zwingt uns hier auf circa 4700 m Böe für Böe auf die Knie. Im Schnee robbend packen wir eilig zusammen, ziehen die Felle von den Ski, schließen die Stiefel. Über dem Gipfel zieht bedrohliches Gewölk auf und hüllt diesen blitzschnell in Nebel. Cesare befindet sich mit Beatrice, Carlo, Giovanni und Marco gebeugt kriechend kurz darunter. Alle Rufe verschluckt der Sturm. Deutend machen wir einander klar, sofort über das steile North Face abzufahren. Nach der Querung um die Kante legt sich der Sturm. Ein tollkühnes Spiel im Pulverschnee durch spaltendurchzogenen Steilhang. Ein prickelndes Schweben durch grandios bedrohlichen Eisbruch. Alles Walzer.

Nicht »Alles Walzer« am Gipfel: Hervorgerufen durch Nebel und Orkan, herrscht Panik unter den Gipfelstürmern und es gelingt Cesare nicht, seine Gruppe zwischen den wild durcheinander Abfahrenden zusammenzuhalten.

Dabei krachen Giovanni und Carlo in ein und dieselbe Gletscherspalte – etwas versetzt voneinander. Ohne Sicht und vom Sturm gepeitscht, macht sich Cesare, gefolgt von Beatrice und Marco, erneut aufsteigend auf die Suche. Nach circa zwei Stunden kann Cesare uns Entwarnung per SMS geben. Die beiden mehr oder weniger unverletzt geborgen, kann die Gruppe nun ihre Abfahrt fortsetzen. Wir sollen weiter zur Grands Mulets Hütte – so seine Anweisung. Das Wetter verschlechtert sich auch bei uns.

Nach einer vogelwilden Abseilaktion über einen Eisturm schlängeln wir uns zwischen Petit Plateau und Grand Plateau vorbei, an klaffenden, sich in die Tiefe, verbreiternden Monsterspalten, umgehen gigantische Eisblöcke, die wie von Riesenhand sinnlos in die Gegend geschleudert scheinen. Aufbrüche, Ausbrüche, sich in ständiger Bewegung befindlicher Umbruch. Erneut erreicht uns eine SMS. Erneut eine Hiobsbotschaft: Beatrice hat sich das Kreuzband gerissen, die Jungs bergführerlos unterwegs zum Eisturm. Cesare wird eine Schneehöhle bauen. Schutz für die Nacht. Ein Helikoptereinsatz – witterungsbedingt unmöglich.

Wir, an der heillos überfüllten Grands Mulets Hütte angekommen, entschließen uns eilig, weiter abzufahren, um so die Möglichkeit zu nutzen, die Seilbahn nach Chamonix noch zu erreichen.
Am Ende des Tages sitzen wir im Speisesaal eines immerhin Zwei-Sterne-Hotels. Die Jungs haben um 19 Uhr die Hütte erreicht, Beatrice und Cesare haben sich in ihrer Schneehöhle gerade für die Nacht gerichtet, als um 20 Uhr der Sturm nachlässt, das Wetter aufklart und der Helikopter sie doch noch ins Tal fliegen kann.

Ein Happy End – Gott sei Dank – aber es ist mir einmal mehr bewusst geworden, wieviel Glück wir alle zusammen hatten. Mein Leben, mein »Daneben-Leben« ist ein wenig wie Geisterbahn fahren. Diese Nordwand mit ihrer abstoßenden Anziehung, die mich begeistert schaudern lässt. Diese Urgewalten, die mich in ihren Bann ziehen. Phantastisch und real zugleich. Diese Unwirtlichkeit, die uns manchmal in dem Glauben lässt, es im Griff zu haben, in der wir Menschlein aber nicht Akteure, sondern Spielball einer übergeordneten Macht sind.

Damals-Damals, im Jahr 2000, hatte ich mich noch ehrfürchtig, respektvoll – fast möchte ich sagen – andächtig dieser Berggestalt genähert und nie zu hoffen gewagt, tatsächlich den Gipfel zu erreichen.

Am 13. Mai 2000 um 9:00 Uhr hatte mir meine Freundin Ursel ein fein säuberlich verpacktes mittelwinziges, von einem Zierband umschlungenes, Päckchen überreicht. Es war mein 45. Geburtstag gewesen, und mit eiskalten Fingern hatte ich an dem Knoten genestelt, das Band gelöst. Darin verborgen war ein »mini binocular«. Kein Lüftchen hatte sich geregt und unter strahlend blauem Himmel waren wir uns in die Arme gefallen. Ursel, Heidrun, Arno und ich, auf 4810 Höhenmetern, dem Gipfel des Mont Blanc.

Dank unserem anthroposophischen Schweizer Bergführer, einem sensiblen, schrulligen Junggesellen, hatten wir drei so verschiedenartige Frauen leise, heitere, stimmige Tage auf einer Haute Route erleben dürfen. Tage, die scheinbar ohne unser Zutun auf den Höhepunkt Mont Blanc zugesteuert waren. Trotz oder gerade durch die Entbehrungen, die Anstrengungen und einer ungeplanten Biwaknacht hatte sich ein intensives Zusammengehörigkeitsgefühl entwickelt.

Unser Aufbruch von der, auf einem Felsriegel thronenden Grands Mulets Hütte auf 3050 Meter Höhe um ein Uhr nachts hatte uns zunächst hinein in den blinkenden Sternenhimmel geführt. Der weitere Aufstieg hatte sich noch in der Dunkelheit durch die gefährliche Seraczone zwischen Petit Plateau und Grand Plateau gewunden. Nach einer kurzen Stärkung hatten wir das Biwak Vallot erreicht, wo wir unsere Ski zurückgelassen und die letzten 400 Höhenmeter über den Bosses-Grat Schritt für Schritt zu Fuß hochgeschnauft waren.

1800 Höhenmeter hatten hinter uns gelegen, aber auch der Abstieg und die anschließende Abfahrt mit den Ski über die Aufstiegsroute hatte seine Tücken gehabt und an den Kräften gezehrt. Vor allem unterhalb der Grands Mulets Hütte hatten wir durch einen gefährlichen Gletscherbruch namens *Jonction* gemusst, anschließend über den spaltenreichen Glacier de Bossons abfahren müssen, bevor wir mit gehörigem Höhenverlust unterhalb der imposanten Aiguilles de Chamonix zur Seilbahn der Aiguille du Midi traversiert waren, um nicht Fraß der aus den Steilwänden herabdonnernden Lawinen zu werden.

COTOPAXI/ CHIMBORAZO
Höher als der Everest

2009 | EXPEDITION NACH ECUADOR 5897 M

»Wann Häusel wieder *Ulab* gehn?«, fragt mich einer meiner kleinen Patienten und will wissen, wann ich wieder Ferien mache.

»Wieder *Ulab*« – das gibt mir zu denken, denn im Jahr 2009 war ich häufig abwesend, musste Stunden ausgefallen lassen in meiner logopädischen Praxis. Ein Jahr der Umbrüche, der Neugestaltung und im November eine tatsächliche Reise nach Ecuador. Also *Ulab*.

Ulab, der mich schon hier über den Wolken beim Flug von Madrid nach Quito aus der Zeit katapultiert. Alle Termine, alle Zeitpläne, Besprechungen und Beratungen unter mir zurücklassend. Hier zwischen den Wolken beim Anflug auf Quito verwandle ich mich zur Zeitnehmerin, lese das Buch von Daniel Kehlmann »Die Vermessung der Welt« über Alexander von Humboldt, verfalle in Träumerei: unter mir sich mächtig aufbauschende Türme, Säulen, Bollwerke wie aus Zuckerwatte. Stille Figuren, die der Deutung durch ständige Wandlung entrinnen. Hier über Amazonien kennt das Klima alle Spielarten und noch umschwebt, umfliegt unser Turbobomber diese brodelnden, aus sich selbst heraus quellenden Pilzkolosse, bevor wir eintauchen in wabernde Ursuppe, wieder auftauchen zwischen scharf abgegrenzten Wolkenbänken, um erneut hinein zu sinken in ein lebendiges Drunter und Drüber, vor der Landung mitten in Quito auf 2800 m über dem Meer.

Cotopaxi – Der Schlund des Mondes

Der indianischen Sage nach wirkt der über dem Kraterrand aufgehende Mond wie ein Kopf über weißem Poncho. Mit seiner konischen Ebenmäßigkeit und dem weißen, wie ein Hermelinkragen geschlungenem, Kraterrand ist dieser 5897 m hohe noch aktive Stratovulkan seit jeher heilig und für mich der schönste Berg der Welt. 1802 versuchte sich Humboldt an ihm, gelangte aber nur bis auf eine Höhe von circa 4500 m.
Bis auf diese Höhe von 4500m, lassen wir uns gemütlich mit dem Kleinbus die Serpentinenstraße hinaufschaukeln, bevor wir noch weitere 300 Höhenmeter zur Hütte aufsteigen. Der zerklüftete Gletschergrund krallt sich wie eine Pranke in die kahle rote Bergflanke, der Gipfel ist verhüllt. Kein Luxus, die José-Ribas-Schutzhütte, aber eben Schutz für viele, dank eng an eng gestellter Dreistockbetten in einem Riesensaal. Von unserem Koch köstlich versorgt, sitzen wir als buntes Grüppchen fröhlich zusammen. Initiator und Mitorganisator der Reise, mein Freund Thomas, den ich 2006 auf der

Ama Dablam kennengelangt hatte, mit seinen Freunden Martin und Fluri, mein Ladiner Bergführerfreund und den weiteren Expeditionsteilnehmern Elisabeth mit Karl, und Susanne aus Österreich unter der Führung von Andi und Benno.

10. November 2009

Die Nachtruhe: bestehend aus Wälzen, Drehen, Rascheln ab 21:00 Uhr.

Der Weckruf – eine Erlösung um 0:00 Uhr.

Abmarsch: 1:00 Uhr.

Von 4800 m auf 5900 m – 1100 Höhenmeter liegen vor uns.

Die ersten 300 Höhenmeter schlängeln wir uns steil in Serpentinen die steinige Gletschermoräne nach oben. Am Gletscher angekommen werden Klettergurte angelegt, Steigeisen montiert, Pickel ausgepackt. Kurze Teepause. Für den weiteren Anstieg teilen wir uns in Seilschaften auf. Renato und ich bilden das Schlusslicht. Immer steil seitlich überkreuzt, Schritt für Schritt höher tretend, auf den Pickel gestützt folgen wir der Spur, die sich dann flach am Rand einer Querspalte entlang schlängelt, bevor sie wieder steil zu einem markanten Felsband hinaufführt. Mein Höhenmesser zeigt erst eine Höhe von 5700 m, obwohl wir schon auf 5800 m sein müssten. »Komisch…«, denke ich…
Nach der Umgehung einer Felswand – es ist inzwischen hell geworden – muss ich Renato motivieren. Er ist erkältet, atmet schwer, und muss für diesen letzten gefühlt lotrechten Gipfelaufschwung noch einmal alle seine Kräfte mobilisieren. Nur noch eine Kurve – »Komm, wir schaffen das!« – und kurz darauf ziehen wir nach links flach auslaufend in der wärmenden Sonne die letzten Meter Richtung Gipfel. Nach sechs Stunden Mühsal teilen wir das Glück und die Freude mit Thomas, Martin, Fluri, herzen unsere Österreicher samt den Führern Andi und Benno.

Ganz vorsichtig wage ich mich heran an den sandig-rotbraun-schwarzen, von einer weißen Schneehaube eingerahmten Krater. Aus der Tiefe sich emporkräuselnde Dämpfe. Ein schneebedeckter Vulkan. Schützender Eispanzer über brodelnder Glut. Ein Blick in den gewaltigen Trichter – »ein

Blick in die Unterwelt«. Jenseits-Beschau zwischen Neugier und Grusel. Diesseits-Beschau voll Ehrfurcht auf grandios in der Sonne glänzende Eistürme, weiße Schneefelder über roten Lava-Karen. Vor dem Abstieg schweifen unsere Augen über den bereits vor zwei Tagen bestiegenen 5116 m hohen Iliniza Norte, den vor fünf Tagen erklommenen 4200 m hohen Pasochoa bis hinüber zum 6310 m hohen Chimborazo, unserem nächsten Ziel.

Chimborazo - Höher als der Everest

Auch diesmal wieder auf den Spuren von Humboldt, der am 23. Juni 1802 zusammen mit Aime Bonpland und Carlos Montufar, einem kreolischen Adeligen und späteren Freiheitskämpfer, eine Höhe von circa 5700 m erreichte, den Berg vermaß und ein Gemälde davon anfertigte.
In Gedanken bin ich bei den Erstbesteigern Edward Whmyper und den Brüdern Louis und Jean Antoine Carrel, die am 4. Januar 1880 den Gipfel des Chimborazo Seite an Seite erreicht hatten.

Fünfzehn Jahre zuvor, im Juli 1865, hatten sich Edward Whymper und Jean Antoine Carrel einen erbitterten Kampf um die Erstbesteigung des Matterhorns geliefert: Whymper über den Schweizer Hörnli-Grat, Carrel drei Tage später über den italienischen Leone-Grat. Louis Antoine Carrel – der Held der Italiener. Natürlich stieg auch ich Jahre später mit »meinem« Italiener über Carrels Route auf das Matterhorn. Aber das ist eine andere Geschichte.

Alexander von Humboldt ist das Zauberwort für mich, und seiner Beinahe-Besteigung des Chimborazo mit Stock und Botanisiertrommel gilt meine Bewunderung.

»Nur die Reisenden, die die Gipfel des Mont Blanc und des Monte Rosa von Nahem gesehen haben, sind fähig, den Charakter dieser imposanten, ruhigen und majestätischen Szene zu erfassen. Die Masse des Chimborazo ist so gewaltig, dass der Teil, den das Auge auf einmal erfassen kann, nahe der Grenze der Region des ewigen Schnees, 7000 Meter in der Breite misst. Die Schichten extrem dünner Luft, durch die man die Andengipfel sieht, tragen viel zum Gleißen des Schnees und zum magischen Effekt seiner Lichtreflexe bei. In den Tropen, in einer Höhe von 5000 Metern, nimmt das blaue Himmelsgewölbe eine indigo-artige, violette Schattierung an. Die Umrisse

des Berges heben sich von dieser reinen und durchsichtigen Atmosphäre ab, während die unteren Luftschichten, die auf einer graslosen, die einstrahlende Wärme reflektierenden Ebene ruhen, dunstig sind und die letzten ebenen Zonen des Landstrichs zu verhüllen scheinen.«

Alexander von Humboldt, 1810

Nicht um den gloriosen Sieg einer Besteigung ging es dem Forscher und Wissenschaftler Humboldt, sondern um Entdeckung und Erkundung. Monatelang sammelte und untersuchte er Pflanzen, archivierte geographische, geologische, mineralogische, meteorologische, vulkanlogische Erkenntnisse, seismologische Beobachtungen, barometrische Messungen und trigonometrische Berechnungen, bevor er sich Richtung Gipfel auf den Weg machte. Eine Reise, die er fünfunddreißig Jahre nach dem Aufstieg in einem Aufsatz dramaturgisch bearbeitete und mit dem Titel »Über den Versuch den Chimborazo zu besteigen« veröffentlichte. Er wählte einen Titel, der schon die Möglichkeit eines Scheiterns in sich birgt.

Das Wort »Scheitern« versuchen wir zu verdrängen und so stolpern wir im Schein der Stirnlampen am 13. November um 0:30 Uhr von der auf 5000 m gelegenen Edward-Whymper-Hütte über Blockgestein Richtung Gletscher los. Am Vortag waren wir von *Ambato* auf staubig- sandiger Piste hinauf zu einer weiten auf 4800 m gelegenen Hochebene gekurvt und die restlichen 200 Höhenmeter zur Hütte aufgestiegen. Die Nacht war kurz und schon bald nach dem Start entscheidet sich Thomas umzukehren, Fluri begleitet ihn. Ich wittere eine Chance mich ihnen anzuschließen. In dem folgenden steilen Eis- und Steinschlag gefährdeten und sandig-vereisten Kar finden weder meine Pickel noch meine Steigeisen Halt.

Die Anstrengung, die Höhe, die Dunkelheit, die Kälte und die Anspannung durch von oben losgetretene und herabrollende Steine lassen meine Motivation auf den Nullpunkt sinken. Keuchend zähle ich am 45° Grad steilen Gletscherhang meine Schritte, pausiere nach jedem achten oder neunten Schritt. Renato – selbst keuchend – durch das Seil mit mir verbunden, wird in seinem Rhythmus dadurch gebremst und mault mich an, ich solle mich zusammenreißen.»gar-nicht-nett vier-fünf-sechs und-pau-se« wiederhole ich inwendig wie ein Mantra.
Wir sind hier am Äquator am weitesten vom Erdmittelpunkt entfernt und

aus dieser Perspektive berechnet, übertrifft der Chimborazo quasi sogar den 8848 m hohen Mount Everest an Höhe.
Endlos erscheint mir eine Querung auf dem schmalen Rand einer Gletscherspalte. Sind Humboldt und Bonpland bis zu dieser Spalte gekommen? Humboldts 1837 veröffentliche Aufstiegserzählung endet auf einer Höhe von 18.690 Fuß, also circa 5690 m, mit dem Wortfragment »Cra...« für französisch Cravasse – Spalte. Kehlmann beschreibt ihren Weg im Nebel nach oben, auf dem sie zunächst eine brüchige Steilwand hochklettern mussten und schneebedeckte Felsspalten zu überwinden hatten. Der perpetuierliche Schnee – der Beginn des Gletschers – lag damals wohl auf 4800 m Höhe.

»Es nahm die Bröckeligkeit des Gesteins beträchtlich zu. An einzelnen sehr steilen Passagen musste man Hände und Füsse zugleich anwenden. Ich hatte dazu – wenn es erlaubt ist, so unwichtige Einzelheiten zu erwähnen – seit mehreren Wochen eine Wunde am Fuß, die durch die Anhäufung des Niguas pulex penetrans (des Sandflohs) vermehrt worden war...«

Von Sandflohbissen geplagt und mit den Symptomen der Höhenkrankheit konfrontiert, kletterten Humboldt, Montufar und Bonpland weiter...

»Nach einer Stunde vorsichtigen Klimmens wurde der Felskamm weniger steil, aber leider blieb der Nebel gleich dick. Wir fingen nun nach und nach an, alle an großer Übelkeit zu leiden. Der Drang zu Erbrechen war mit etwas Schwindel verbunden, und weit lästiger als die Schwierigkeit zu athmen. Wir bluteten aus dem Zahnfleisch und aus den Lippen. Die Nebelschichten [...] schienen plötzlich trotz der totalen Windstille zu zerreißen. Wir erkannten ganz nahe den domförmigen Gipfel des Chimborazo. Es war ein ernster großartiger Anblick. Der Felskamm, der nur hier und da mit dünnen Schneeflocken bedeckt war, wurde etwas breiter [...] Wir eilten sicheren Schrittes vorwärts, als auf einmal eine Art Thalschlucht von etwa 400 Fuß Tiefe und 60 Fuß Durchmesser unserem Unternehmen eine unübersteigliche Grenze setzte. Es war 1:00 Uhr mittags, wir stellten mit Sorgfalt das Barometer auf ,es zeigte 13 Zoll und 11 2/10 Linien. Wir blieben kurze Zeit in dieser traurigen Einöde bald wieder ganz in Nebel gehüllt.«

»Alexander von Humboldt – Über einen Versuch den Gipfel des Chimborazo zu besteigen« von Oliver Ulbrich und Ottmar Ette

Humboldts Expedition ab dem Gletscher hatte nur dreieinhalb Stunden gedauert. Er hatte sich einer Route bedient, die ihn über felsige Passagen und einen ausgesetzten Grat Richtung Gipfel führte, um nicht zu tief in den weichen Äquatorschnee sinken zu müssen. Die Gefahr einer Bergbesteigung hier am Äquator, dem Ort der der Sonne am nächsten ist, besteht darin, durch die Tageserwärmung auf einbrechenden Schneebrücken in Gletscherspalten zu stürzen oder vermehrt dem Stein und Eisschlag ausgesetzt zu sein. Humboldt wünschte sich »In die Sohlen der Stiefel getriebene Nägel«, um sich im Schnee und im Eis sicherer zu fühlen. Steigeisen waren damals noch nicht bekannt.

Wir hingegen, ausgerüstet mit High-Tech-Steigeisen an 8000er Bergstiefeln, die fast über die Waden reichen, Daunenanoraks und Daunenhosen über Funktionswäsche, mit Sturmhauben und Monsterfäustlingen, kämpfen uns auf die Pickel gestützt Meter für Meter an der nicht enden wollenden Bergflanke nach oben. Eine hauchdünne Mondsichel legt sich wie eine Wiege auf den Bergkamm. Es ist hell geworden, und aus der Tiefe brodeln die Wolken herauf. Benno, unser ecuadorianisch-schweizerischer Bergführer, kommt mir zu Hilfe, bindet mich ein in sein Seil, und führt mich an der Hand Tritt für Tritt im Zeitlupentempo Richtung Vorgipfel. Jedesmal wenn ich denke, die Bergkuppe erreicht zu haben, geht es rückwärts versetzt noch steiler weiter zur nächsten. Benno, an Klima und Höhe gewöhnt, scheint seine Kraft, seine Energie durch unsere Berührung auf mich zu übertragen, und wie in Trance stapfe ich willenlos hinterher. Renato, seillos frei, ringt mit sich selbst um jeden Schritt. Vierzig Meter unterhalb des Hauptgipfels flacht das Gelände ab. Wir haben den *Ventimilla* – den Vorgipfel auf 6270 m – erreicht. Auf dem Gipfelfoto hocke ich erschöpft im Zackenfirn – im »Büßerschnee«, wie diese Minipyramiden aus Firnschnee genannt werden. Im Hintergrund ziehen Karl, Elisabeth, Susanne und Martin, geführt von Andi, in weitem flachen Bogen dem um vierzig Meter höheren Hauptgipfel entgegen.
Eine kurze Umarmung, ein herzliches Dankeschön, ein inwendiges Gebet, bevor wir uns von Benno am Seil gesichert an den Abstieg machen. Renato klagt über Kopfschmerzen, mir ist so unglaublich übel, und bei jedem Schritt kommt es mir vor, als würde sich mein Magen umdrehen. Selbst im Abstieg brauche ich Pausen. Es hat wieder zu graupeln, zu schneien begonnen. Nebel verhüllt die gefährliche Steinschlagzone in der wir nochmal alle Kräfte bündeln, um rasch sicheres Gelände, um rasch die Hütte zu erreichen.

Epilog

Thomas und Fluri erreichten zwei Tage später den Gipfel des Chimborazo. Renato bestieg mit der Gruppe am 17. November noch den Cayambe mit seinem markanten Pilzkopf. Ich blieb, auf einem Stein sitzend, unterhalb des Gletschers zurück. Atmete das Funkenspiel zwischen südlichem und nördlichem Sternenhimmel in der Schwärze der klaren Nacht, bestaunte die unregelmäßig erhellenden Zuckungen eines Wetterleuchtens hinter der Gletscherkuppe, dankte einer vorbeisausenden Sternschnuppe für Wunschäußerung und folgte den Lichtern meiner Freunde beim Aufstieg. Abschiedsabend in einem Dachrestaurant: Es wurde viel gelacht, ein wenig reflektiert und ab ging es in die Zukunft: Einem viertägigen Abstecher mit Renato auf die Galapagos-Inseln. Aber das ist eine andere Geschichte…

An Mutter – Fund und Findung

Mutter,

was hältst du für verborgene Schätze bereit? Geliebte, so viel zu früh verstorbene Mutter – welch orakelhafte Entdeckung, dreizehn Jahre nach deinem Tod. Du offenbarst mir deine Zustimmung an einer Expedition nach Tibet teilzunehmen, indem du mir deinen kleinen Jade-Buddha zufallen lässt. Ein Zufalls*fund* beim Auflösen der elterlichen Wohnung, der zur Entscheidungs*findung* maßgeblich beiträgt. Tibet, das Land, in dem das Paradies, in dem Shangri-La, der Ort des Friedens und der Harmonie, vermutet wird.
Mutter, so sehr hast du dir ein Leben in Frieden, Harmonie und Schönheit herbeigesehnt; nur selten war dir dies durch unsere unterschiedlichen Temperamente vergönnt gewesen.

CHO OYU – Göttin des Türkis

2010 | EXPEDITION NACH TIBET 8201 M

Auf der Suche nach dem Shangri-La

Scharfschützen lauern provokant auf den Dächern in Lhasas Altstadt. Schwer bewaffnete chinesische Kindersoldaten mischen sich im Stechschritt zwischen die Gläubigen, zwischen die Pilger, die sich auf ihrem heiligen, von Niederwerfungen begleiteten Weg um den Jokhang-Tempel befinden. Ein bedrohliches Szenario, das erhebliche Zweifel aufkommen lässt an den paradiesischen Zuständen und unseren Wunschvorstellungen davon.

Tibet – ein Land das durch die Strahlkraft der buddhistischen Lehre und seiner Weisheiten Vorbildfunktion gerade auch bei uns im Westen erlangt hat.

Tibet – eine autonome Region die, völkerrechtlich umstritten, einen Teil der Volksrepublik China darstellt und das heute mehr denn je die chinesische Unterwanderung und Aushöhlung seiner Kultur zu fürchten hat. Ein von China eingesetzter Pantschen-Lama als zweithöchster geistiger Würdenträger Tibets steht im krassen Gegensatz zu der selbstbestimmten Suche tibetischer Mönche nach einer würdigen Inkarnation des Pantschen-Lama. Dieses wechselseitige spirituelle Prüfungsritual zur Findung dieser *einen* und *wahren* Wiedergeburt von Pantschen-Lama und Dalai Lama wird es, mit von China eingesetzten Marionetten in Zukunft nicht mehr geben. 2011 erklärt der Dalai Lama vorauseilend seinen Rücktritt und unterlief damit die unlautere chinesische Bestimmung eines Nachfolgers.

Tibet – ein Land, das den Übergriffen und Anfeindungen von außen gewaltfrei zu widerstehen versucht. Bemüht um Autonomie kampflos kämpft. Bis 2011 wird es von dem 14. Dalai Lama aus seinem indischen Exil heraus regiert. Dieser, bereits im Alter von vier Jahren inthronisierte Gottkönig, musste auf abenteuerliche Weise 1959 sein Land verlassen und hat seither Tibet nie wieder betreten. Heinrich Harrer beschreibt in seinem Buch »Sieben Jahre in Tibet« das Leben am Hof und über seine Freundschaft zu diesem heiligen Kind.
In diese ganz eigene Welt des mystischen tantrischen Buddhismus tauchen wir nun ein, umwandeln und erklimmen den, die Stadt überragenden, *Potala-Palast*. 1643, während in Deutschland der 30-jährige Krieg tobte, ließ der 5. Dalai Lama dieses düstere mächtige prächtige Bauwerk als Winterpalast errichten.

Weil wir erst vor zwei Tagen aus Kathmandu angekommen sind, schnaufen wir beim Treppensteigen und Bergaufgehen. Lhasa liegt auf 3600 m – um uns zu akklimatisieren besteigen wir zunächst die kleineren Hügel rund um die Stadt. Dank Renato habe ich mich einer kleinen Expedition seiner Bergführerkollegen und -freunden angeschlossen. Anna Torretta, eine bekannte italienische Eiskletterin und Bergführerin will als erste Frau vom Gipfel des Cho Oyu mit Ski abfahren. Aldo Leviti und Renato verbindet eine langjährige Freundschaft, beide sind als Bergführer und Ausbilder tätig. Maurizio ist Anwärter und noch im Studium.

Im *Pabonka*-Kloster empfangen uns die Mönche zum Tee, wir erfahren von der Verwüstung des Klosters und der Ermordung vieler Mönche während der chinesischen Kulturrevolution. Gerade vor ein paar Wochen war wieder ein Mönch verstorben, und auf der Hügelkuppe zeugen die farbenfrohen Gebetsfahnen um den rituellen Kreis der Himmelsbestattung. Zerhackt den Geiern zum Fraß vorgeworfen und in die Lüfte erhoben, tritt der Körper ein in das *Bardo*, das Reich zwischen Tod und Wiedergeburt.

»Alles geht,alles kommt zurück. Ewig rollt das Rad des Seins.«, lässt Nietzche den Adler und die Schlange zu Zarathustra sprechen. Und dadurch kann Zarathustras Genesung von seiner Krankheit, der Krankheit »vom Geist der Schwere« einsetzen. In einem Land wie Tibet, in dem die Erde meist gefroren ist, das Holz zur Verbrennung fehlt und Wasser nur selten vorkommt, steht diese pragmatische Lösung für Leichtigkeit. Ganz im Gegensatz zu unseren dunklen modernden Gruften und Erdlöchern, die wir glauben noch mit schwerem Gestein abdecken zu müssen.
Mutter, dich haben wir in deinen Zobel gehüllt hinabgesenkt. Dein freier Geist jedoch wird sich niemals der Dunkelheit und Enge beugen.

Göttin des Türkis trifft königlichen Jadebuddha

Deine kleine grüne reich verzierte und gekrönte Jadefigur im Gepäck, machen wir uns von Lhasa im Kleinbus auf den Weg zur *Göttin des Türkis*. Dein Buddha, ein Buddha der Weisheit, samt Krone in Meditationshaltung. Der Legende nach gelang es Buddha, den stolzen König Jambhupati zu bekehren, indem er sich selbst ein königliches Aussehen verlieh.
Schnurgerade führt eine komfortable, breite, von China erbaute Straße mit dem wohlklingenden Namen *Friendship Highway* vorbei an dem skorpion-

förmigen Yamdrok-See durch die wüstenartige Hochebene, schlängelt sich in weiten Kurven sanft hinauf zu den Passhöhen bis über 5000 Meter über dem Meeresspiegel. Beim Karo La Pass legen wir eine Pause ein, um uns von 5010 auf 5250 Höhenmeter körperlich zu bewegen. Nur circa 200 Höhenmeter sind das, die wir jedoch zu spüren bekommen. Der Puls rast, das Atmen fällt schwer. Um uns an die Höhe zu gewöhnen, müssen wir immer wieder auf- und absteigen, jeden Tag ein Stückchen höher. Unser Ziel liegt auf 8201 m und wir wünschen uns alle sehr, den Gipfel ohne zusätzlichen Sauerstoff zu erreichen. Nach dem Scheitern am Manaslu 2008 besteht beim Cho Oyu, der als leichterer Achttausender gilt, auch für mich eine gewisse Gipfelchance.

Weiter geht die Reise über Shigatse, einer heute schmucklosen chinesischen Provinzstadt, die mit ihrem altehrwürdigen Kloster *Tashilhunpo* den Pantschen-Lamas als Heimat diente. Pro-chinesischer eingestellt als der 14. Dalai Lama verstarb dort 1989 unter mysteriösen Umständen der letzte Pantschen-Lama, nachdem er zuvor zehn Jahre in Pekings Gefängnis in Einzelhaft verbracht hatte.

Eine weitere Pause legt unser Fahrer bei seiner Familie ein. Ehe wir uns versehen, werden wir umringt vom halben Dorf und in ein typisch tibetisches Haus aus Steinquadern mit verzierten Blechvorbauten geführt. An jeder Ecke des Flachdaches wehen Fahnenbüschel – Geisterfallen. In der Stube im ersten Stock reicht uns die Mutter des Fahrers Schälchen mit Buttertee. Durch ihren mongolischen Gesichtsschnitt, die wettergegerbte Haut und den streng um den Kopf geschlungenen Zopf wirkt sie älter als 62 Jahre. Ihr üppiger Schmuck aus Türkisen und Korallen und die farbenfroh gewebte Schürze über der Tracht deutet auf Wohlstand hin. Als Familienoberhaupt herrscht sie über das inneliegende offene Herdfeuer.

Ihre Tochter wagt sich aus der Zimmerecke hervor und ihre zwei neugierigen sechs und zehn Jahre alten Enkelinnen hüpfen durch den Raum. Das zehnjährige Mädchen ist gehörlos. Ich versuche ihr über die Vibration des klingenden »M« ebenfalls ein »M« zu entlocken. Auch die den Vokal »A« unterstützende, weit nach oben öffnende Armbewegung ahmt das Mädchen sofort nach, artikuliert und lautiert ebenfalls ein »A«. Dringend sollte dieses Kind gefördert werden – was mich binnen dieser einen Stunde in einen tiefen Gewissenskonflikt stürzt. Gerne wäre ich bereit, sie bei der Förderung im fernen Lhasa finanziell zu unterstützen. Aber was würde für sie der

Verlust dieser liebevollen Großfamilie bedeuten? In jedem Fall bliebe das Mädchen isoliert: Entweder stumm in der Geborgenheit zu Hause oder entwurzelt in der Fremde durch Förderung sprechend. Ich beschließe, nicht Schicksal spielen zu wollen und ziehe weiter. Aber vergessen habe ich das Mädchen bis heute nicht, sie müsste jetzt eine junge Frau sein.

Chinese Basecamp 4900 m

Die Fahrt geht weiter. Zu unserer Rechten erheben sich steile Felskrönchen, die auf Dünen zu ruhen scheinen. In weichem Ocker ein einzigartiges Wunderwerk der Erosion. Von Tingri geht es dann im Geländeauto auf Schotterpiste bis zum Chinese Base Camp auf 4900 m. Wir lernen unseren nepalesischen Sherpa *Shiring* kennen und beziehen die Zelte. Aldo entdeckt ein winziges Chamäleon, das sich tatsächlich an alle Farben der Umgebung anpasst. Sandige Hügel mit Moosen und Flechten – braun-grün gewellte Landschaft, durchsetzt von anthrazitgrauen Schieferplatten, schwarz-weiß gesprenkelten Graniten und dem klaren Weiß glitzernder Quarze.
Alles ist hier in Bewegung, alles ändert sich, nichts hat Bestand. Als sei man mitten in eine Metamorphose geraten. Und auch wir ändern uns.
Im Basislager der Chinesen gibt es keinen Handykontakt mehr und wir werden ruhiger. Ich teile mein Zelt mit Renato, er vermittelt mir Geborgenheit und Sicherheit. Obwohl er selbst nachts schwer atmet und keuchend schläft, fühle ich mich gut aufgehoben. Am ersten Morgen wache ich mit Kopfschmerzen auf. Will ich Aspirin nehmen – Ja? – Nein? – Ja! – ich tue es. Wie werde ich die Höhe vertragen, wenn ich jetzt auf 4900 m bereits Kopfweh habe?

8. September

Wir feiern Renatos Geburtstag. Ich habe zehn Stunden durchgeschlafen und mich morgens in einer Abspülschüssel im Vorzelt gebadet, danach gecremt und gesalbt mit duftender Lotion. Als Geschenk habe ich Renato einen in sich gemusterten *Dzi*-Stein zwischen zwei Korallen am Lederband um den Hals gehängt. Auch ich trage dieses Schutzamulett der Bergvölker, das sich auch die Bergsteiger des Himalaya zu eigen gemacht haben.
Überall auf den Höhenrücken verteilt stehen die Wachtürme der Chinesen. Unter bewaffneter Aufsicht wandern wir zwölf Kilometer taleinwärts zum Zwischencamp – zum Campo Intermedia – auf 5300 m Höhe. Abends versuche ich heimlich vorbei an der chinesischen Kontrolle über das Satel-

litentelefon eine SMS nach Hause zu senden, bekomme keine Antwort; mein Mutterherz leidet. Eingebettet in sanft gewellte Moränenhügel steht hier zwischen weidenden Yaks und unseren Schlafzelten eine Zeltkneipe. Hier lümmeln wir zusammen mit befreundeten Bergführern aus dem Aostatal und zwei Spaniern – Toni und Martin – bei Suppe und Lhasa-Bier. Oh Schreck! Nachts dann beim Austreten starren mich von allen Seiten leuchtend rote Punkte an. Friedliche Yakaugen unter funkelndem Sternenhimmel. Ich leide an Kopfschmerzen, die mir wiederum weitere Kopfschmerzen bereiten, weil ich in diesem Zustand morgen sicher nicht weiter ins Basislager aufsteigen kann. Aspirin würde die Symptome eines Hirnödems möglicherweise vertuschen und so quäle ich mich mit den Schmerzen.

Aldo, Anna und Maurizio steigen am nächsten Morgen hinter der schwer beladenen Yakherde zum Basecamp auf. Renato und ich verweilen noch einen Tag länger und spazieren zwischen 5300 und 5700 m über die Hügel. Staunen über die noch auf dieser Höhe vorherrschende Vegetation. Klein geduckt: Gletscherhahnenfuß, Enziane und Edelweiß zwischen Moospolstern und Mini-Grasbüscheln, rote Flechten und möglicherweise die Blüte eines Schneelotus. Ich fotografiere den bodendeckenden Mikrokosmos, Renato den Makrokosmos, bestehend aus Gletscherbruch und fast verhüllter »Göttin des Türkis«.

Renato, der alte Taktiker, denkt, eine erneute Nacht im sauerstoffreicheren auf 4300 m gelegenen Tingri würde uns guttun und schon organisieren wir spontan eine Jeepfahrt dorthin. Als Gesamtpreis mit einer Hotelnacht werfen wir einem Chinesen, der vermutlich das Geschäft seines Lebens mit uns macht, dreihundert Euro in den Rachen. Ich kann mit meiner Familie telefonieren – alles gut zu Hause – bin im Glück. Allein dafür lohnt sich jeder Preis, jeder Aufwand. Vielleicht werden wir diesem Kurztrip den Gipfelerfolg verdanken – vielleicht jedoch wird er immer unser, vielleicht jedoch immer mein Traum bleiben.

Aufstieg zum Basislager von 5300 m auf 5700 m

Auf altem Yakpfad und schicksalsträchtigem Fluchtweg, der von Tibet über den Nangpa La Pass nach Nepal führt, steigen wir vorbei am chinesischen Checkpoint und weiter im ewigen Auf und Ab mühsam durch Schutt und Geröll. Vor uns treiben die tibetischen Yakführer ihre Herde über Bäche

und Steilstufen. Ihr schwarzer, um den Kopf geschlungener langer Zopf, seitlich mit einer roten Quaste zusammengehalten, kennzeichnete sie dem kriegerischen unbeugsamen Volksstamm der *Cham* zu entstammen. Gehärtete Gesichter – wie eingemeißelt darin ihre Biographie. Unser Blick richtet sich auf die unter uns liegenden bläulich milchigen Eisspitzen und -zacken, die aus einem weißen Gletscher-Lindwurm-Ungetüm herausragen.
Ich fühle mich wohl und versuche meine Schritte in Einklang mit meiner Atmung zu bringen. Nach fünf Stunden, gerade noch rechtzeitig vor dem einsetzenden Gewitter mit Graupelschauer, erreichen wir den breiten Gletscherrand auf 5700 m, der uns und vielen weiteren Expeditionen als Basislager dient. Von Shiring, Aldo Anna und Maurizio herzlich begrüßt, verwöhnt uns der Koch mit Käsepfannkuchen, Blumenkohl und Thunfisch aus der Dose! Interessante Mischung, denke ich, aber der Hunger treibt's rein! Die Val d`Aostaner Kollegen kommen zu Besuch, die zwei Spanier Toni und Martin sind Teil unserer Gruppe geworden.
Guter Dinge hocken wir im Speisezelt beisammen, trinken nebst Litern von Tee auch schlückchenweise Rotwein: Renato hat Angst Kopfweh zu bekommen, Anna und Aldo fühlten sich gestern elend auf dieser Höhe, Toni mit wildem Afrolook – reizend – und Martin, ein tollpatschiger Altphilologe und Philosoph, der täglich versucht, mit seiner Mama zu telefonieren.

Die erste Nacht auf 5700 m gut überstanden, weckt uns die Morgensonne um sieben Uhr. Bald wird es warm im Zelt und ich kann meine diversen Kokons peu a peu verlassen. Plansche mich durch meine Mini-Badewanne-Wasserschüssel im Vorzelt und erscheine neu verpuppt in dünnen Daunenschichten zum Frühstück. Ich verdrücke eine doppelte Omeletteration und erst der Test der Blutsaturation macht sichtbar, wie miserabel wir noch angepasst sind an diese Höhe! Also ist ein Ruhetag angesagt bevor wir *Puja* feiern.

Zeremonienmeister und Eventmanager

Winzige liebevoll modellierte Butterberge, Chips, Cola und Kekse als Opfergabe auf dem Altar, beißender Qualm aus Räucherwerk emporsteigend, Pfauenfederwedel auf Weihwasserflakon, murmelnder Sprechgesang des Lamas aus dem Buch alter upanishadischer Weisheiten, Worte der Andacht und Besinnung, die schon der Philosoph Schopenhauer in seinem Arbeitskreis »Schopenhauer und Buddhismus« verlesen hat. Worte, die meditativ wirken, um wahren Sinn und Verinnerlichung herauszufiltern. Wir werfen

Reis, wir werfen Mehl in die Luft, während in der Juwelenrede die Götter gebeten werden sich den opferbringenden Menschen in Güte zuzuwenden:

Vermeide jede böse Tat,
Vermehre guter Werke Saat,
Beständig läutere den Geist,
Das ist der Weg, den Buddha weist.
Vergänglich fürwahr sind alle Gestalten,
Entstehen und Vergehen in ihnen walten.
Entstanden müssen dahin sie schwinden,
Ein Glück, wenn ewig sie Ruhe finden.

Tief berührt stehe ich, Seite an Seite mit Renato, zusammen mit den Freunden um einen Steinhaufen, der als Altar dient. Uralte Rituale und Geisterbeschwörungen, die bis in die Bön-Zeit zurückreichen, verschmelzen mit der Lehre Buddhas. Wir empfinden gleichermaßen die Weihe dieses Augenblicks und ohne unser Zutun berühren sich unsere Hände, verhaken sich unsere Finger ineinander. Alle zusammen befestigen wir die Leinen der Gebetsfahnen an Masten, die unser kleines Lagerdorf ab jetzt schutzbringend überspannen. Eine bescheidene stimmige Zeremonie inmitten einer grandiosen, übermächtigen Natur, die alle Effekthascherei zeitgenössischer Events an den Pranger stellt. Drei Wochen später wird uns unser Gastland China ein unvergessliches Event bieten.

Vom Wissen oder Gewusst-wie

Wir planen, wir taktieren, aber die Wolke über dem Cho Oyu kündigt nichts Gutes an. Nach einem Telefonat mit dem Innsbrucker Meteorologen Karl Gabl müssen wir einsehen, dass die Wolke recht hat, und ein Meter Neuschnee für die nächsten Tage gemeldet ist. Und Besserung ist nicht in Sicht.

14. September

Dennoch machen wir uns hinter unserem Sherpa Shiring und dem Träger Pasang auf den Weg zu Camp 1. Fast drei Stunden ohne großen Höhengewinn an- und absteigend auf dem Moränenkamm hoch über dem Gletscherlauf entlang. Auf tiefschwarzem Vulkangestein, über riesige Granitbrocken, vorbei an türkis schimmernden Quarzen. Die beseelten Steine Tibets

in sich gemustert, bebändert, mäandrierend. Von der Wucht einer riesigen Hand platziert, warten sie auf Erlösung und Wiedergeburt. Fast erleichtert bin ich, dass es endlich am »Vor-Killer-Hang« nur mehr nach oben geht. Über einem kleinen See liegt der Killerhang selbst – 450 Höhenmeter reine Plackerei! Kurz unterhalb von Camp 1 auf circa 6300 Metern kehren wir um zurück ins Basislager. Nach kurzen sonnigen Abschnitten hat es wieder zu schneien begonnen. Auch der Abstieg gestaltet sich nicht wesentlich kürzer durch das ständige Auf und Ab über Gletscherbecken und Seitenmoränen. Aldo, Anna und Maurizio verbringen ihre erste Nacht auf Camp 1 auf 6450 m Höhe. Wie es ihnen ergangen ist, erfahren wir am nächsten Tag. Aldo hat gerötete Augen und wirkt ausgemergelt, erschöpft. Er und Maurizio haben keine Minute geschlafen. An ein Weiterkommen Richtung Camp 2 war an diesem Tag nicht mehr zu denken, weil zwei Lawinen über Camp 1 den Weg versperrt hatten. Anna ist ausgezehrt durch die Schlepperei von Equipment und Ski.
Ich erreiche meinen Mann und meine Kinder per Satellit. So ein Glück, so ein Glück: alle gesund und munter. »Eigentlich müsste sich deine Familie Sorgen um dich machen«, meint Renato und fügt verstopselt hinzu: »Hat sie die Serac über die Kopf immer Angst um die Familie im Haus.« Ja, so ist das eben als Mutter und Ehefrau!

16. September

Nach nur einem Ruhetag steigen wir ein weiteres Mal nach oben um in Camp 1 auf 6450 m Höhe zu übernachten. Wir werden im bereits aufgebauten Zelt von Shiring erwartet und mit Tee und Nudelsuppe verwöhnt. Keine einzige Nudel kann ich schlucken – wie zugeschnürt ist meine Kehle. Ein wenig Brühe, ansonsten Ruhe, nur Ruhe. Atmen, nur Atmen ist schon Anstrengung genug. Renato schafft es noch die Thermomatten aufzublasen und die Schlafsäcke auszupacken, bevor auch er in eine Art Pseudoschlaf versinkt. Nachts kommt Sturm auf. Die Wachphasen, die sich mit Phasen erschöpften Schlafes abwechseln, verbringe ich sitzend aus Angst, ich könnte das Bewusstsein verlieren.

17. September

Ein grauer Morgen und schon stapfen die ersten Kletterer, die zu Camp 2 unterwegs sind, an unserem Zelt vorüber. Ich muss austreten mit diesen, meinen so bleischweren Gliedern und nütze den Schwung der Überwin-

dung für Zähneputzen, Frisieren und Gesichtcremen. Renato stöhnt neben mir und könnte sich wenigstens Vanillepudding zum Frühstück vorstellen. Ich nicht, weil mir so übel ist, so hundsmiserabel übel, und zwar nicht vom Magen, sondern vom Hirn her. Runter, nur runter möchte ich und so verlasse ich zügig, um das Wort »fluchtartig« zu vermeiden, mit Shiring das Zelt.
Wir steigen vorsichtig die 450 Höhenmeter über die steile Schotterhalde ab und warten am Fuße des Killerhangs auf Renato. Ich nehme eine Entwässerungstablette, döse auf einem Stein hockend so vor mich hin, bis endlich Renatos Silhouette über uns aus dem Nebel auftaucht. Auch er bewegt sich wie eine Schnecke – in »Schneckenlupe« wie er zu sagen pflegt – selbst beim Abstieg an diesem Hang.
Weiter Richtung Basislager treffen wir Aldo, die Val d`Aostaner Lucca und Mario, Martin mit Sherpa Pasang, den Reitlehrer aus Zell am See – alle im Aufstieg, um sich zu akklimatisieren.
Beim Dinner im Basislager kommt – Gott sei Dank! – der Appetit wieder. Shiring hat Nachricht bekommen, dass sechs oder sieben tibetisch-chinesische Sherpas der chinesischen Expedition beim Einrichten der Fixseile über Camp 2 von einer Lawine verschüttet wurden. Einige konnten sich selbst befreien, andere wurden verletzt. Der zu Hilfe gerufene tibetische Arzt wurde beim Aufstieg im Killerhang ohnmächtig und musste abtransportiert werden.

18. September

Heute verzichte ich auf jede Art von Bewegung. Gerade mal ins Speisezelt, wo erneut Besuch eingetroffen ist, schleppe ich meine müden Knochen. Tamara Lunger, eine junge Südtiroler Bergsteigerin, die im Mai den nicht einfachen Lhotse mit 8516 m Höhe bewältigt hat, unterhält uns mit ihrer ungezwungenen, freien und fröhlichen Art.

19. / 20. September

Noch immer fühlen wir uns schwach, dösen, lesen, schreiben. Hier glaubt man an Dämonen, die einem die Kraft aus den Gliedern saugen, um selbst Unsterblichkeit zu erlangen. Ich glaube es auch!
Ab jetzt entwickelt jeder seine eigene Strategie, seine eigene Methode, um auf den Gipfel zu gelangen. Uns, Renato und mir, fehlt noch eine Nacht auf Camp 2 auf 7150 m Höhe, um nach Abstieg ins Basislager und erneutem

Aufstieg über Camp 1, Camp 2 und eventuell Camp 3 den Gipfel anpacken zu können. Ich will es endlich hinter mich bringen, dieses nochmalige Auf- und Absteigen, reflektiere jedoch wie kontraproduktiv, wie europäisch, wie unsensibel dieses direkt auf ein Ziel zusteuern sein kann. Das Buch von Francois Jullien »Vom Sein zum Leben« über die unterschiedlichen Denkräume unserer westlichen *wissenden* Welt im Gegensatz zum chinesichen *Gewusst-wie* scheint mir eine Bestätigung dafür sich einer Berggestalt auch anders nähern zu können.
Wenn durch äußere Bedingungen ein direktes methodisches Handeln unmöglich erscheint, sollte man sich dem Handlungsraum des Dazwischen bedienen lernen; also eine Hinwendung weg von der Planung hin zu einer Herangehensweise, die immer einen Prozess darstellt, ist kurz zusammengefasst der Sinn dieses Kapitels.
Und so liege ich wach unter dem unförmig aufgehenden Fast- Vollmond der direkt über dem Gipfel des Cho Oyo aufsteigt. Hinter seinem Westgrat schwächt sich das intensive Rosa nach und nach ab bevor es sich in dem Blaugrau des Nachthimmels auflöst. Von Osten ziehen Nebelschwaden über den Gipfelhang.

21. September

Erneuter Aufstieg nach Plan! Um 10:00 Uhr brechen wir zusammen mit Anna auf. Langsam nähern wir uns dem Killerhang, pausieren und stärken uns noch einmal, bevor wir uns wieder Serpentine für Serpentine den verschneiten Schotterhang hinaufmühen. Oben in Camp 1 auf 6450 m geht es uns diesmal schon besser. Wir schlüpfen in unser Zelt, trinken Tee, blasen die Matten auf und verkriechen uns in die warmen Schlafsäcke. Shiring brutzelt unser Spezial-Höhenlager-Essen: Reis mit Parmesan und Öl. Aneinander gelehnt kauen wir gefühlte Stunden auf unseren Reiskörnern herum, bevor wir hundemüde einschlafen. Es schneit und stürmt die ganze Nacht.

22. September

Absteigen oder vorwärtsgerichtet aufsteigen, um wie geplant eine Nacht auf Camp 2 zu verbringen? Aldo steckt den Kopf in unser Zelt. Er habe die Nacht mit Maurizio oben auf knapp 7200 m gut überstanden. Der Weg zu Camp 2 sei aber total eingeschneit, und ab dem Serac spurlos und lawinengefährlich. Deshalb entscheiden wir uns für den Abstieg und kehren traurig ins Basislager zurück. Es frustriert mich so, nicht weiterzukommen und die

Kräfte doch schwinden zu spüren. Noch mindestens zweimal also Killerhang! Und was wird danach erst kommen? Wir stehen am Anfang und ich fühle mich schon hier im Basislager auf 5700 m nicht mehr »erneuerbar«.

23. September

Weigere mich dem Tag ein Gesicht zu geben. Empfinde Duschen und Aufräumen als unzumutbar, stattdessen vertiefe ich mich in David Neels Buch über die *Bön*-Zauberer; all die Strategien, Wetterprognosen und Planungen meiner Freunde will ich gar nicht mehr hören. Ich werde mich hingeben, ihren Beschlüssen Folge leisten, aber innerlich davon frei sein. Es wird mir gleichgültig sein, heute, morgen oder übermorgen wieder aufzusteigen – es wird mir gleichgültig sein, ob wir damit ein Ziel verfolgen. So gleichgültig wie die Natur mir gegenüber ist, werde auch ich ihr gegenüber sein.

»Reden, die dem verwirrten Geist Frieden bringen«»Die einzelnen Wandlungen des eigenen Wesens erkennen und sich fragen, zu welch neuem Geschehen man sich nun auf den Weg macht«.

David Neel

Ich werde vermisst im Speisezelt, also raffe ich mich auf und erscheine dann doch noch geduscht und geölt, um Besuch mit zu empfangen. Walter Nones, Bergführer aus Südtirol, erzählt uns von seiner Nanga Parbat Expedition zwei Jahre zuvor, bei der Unterkircher durch einen Spaltensturz ums Leben kam und für ihn und seinen Partner eine groß angelegte Rettungsaktion medienwirksam gestartet wurde. Auf den Cho Oyo möchte er mit einem Kollegen über die Südwestwand aufsteigen. Dass das Schicksal anderes mit ihm vorhaben wird, erfahren wir erst später.
Es werden Zeitpläne geschmiedet und mögliche Gipfeltage auserkoren. Über eine sechstägige Reiseverlängerung nachgedacht. Beim Mittagessen spiele ich mit Toni Gurkenfangen: Essiggurken aus dem Glas mittels eines Zahnstochers picken. Nachricht von Maurizio: Schnee bis zur Hüfte – ein Weiterkommen zu Camp 2 nicht möglich.
Nachts ein wolkendurchwühlter Himmel – dazwischen bunt aufblitzende Sterne. Wie ein Scherenschnitt erhellt das fahle Pudergesicht des vollen Mondes gespenstisch die Umrisse unserer Moräne und lässt die weiten Gletscherflächen der türkisen Gottheit über uns chromatisch erscheinen. Slapstickartig stolpert »unser« ungelenker Philosophen-Katalane aus dem

Speisezelt und fällt beim Betrachten des Himmelszaubers in den Wascheimer davor. Wie gemein von uns, dass wir alle lauthals loslachen.
Renato entscheidet, morgen erneut aufzusteigen.

24. September

Geplanter Aufbruch zu Camp 1 um 10:15 Uhr. Das Wetter gut, die Laune bestens. Renato hat von Claudia Schiffer geträumt. Ein rosaroter Traum – wenn das kein gutes Omen ist … Ich nehme einen Energiedrink. Anna und die Val d`Aostaner sind mit von der Partie. Maurizio kämpft sich heute zu Camp 2 durch. Langsam, aber kontinuierlich erreichen wir Camp 1 in Bestzeit. Anna steigt mit den Skiern noch den ersten steilen Buckel über Camp 1 hoch und wagt ein paar Schwünge durch den spaltenreichen Hang. Ein kurzer Film darüber wird um die Welt wandern! Wir hocken noch fröhlich beisammen, auf dem Speiseplan steht nebst literweisem Tee Cesares Geheimrezept: Reis mit Olivenöl und Parmesan, der diesmal mundet. Toni kommt später an und verteilt Serrano-Schinkenfetzen. Welch ein Luxus!
Ich kämpfe nachts mit trockenen Hustenattacken.

Die Gewissensfrage

25. September

Der Himmel blitzblank gefegt, sturmgefegt. Es geht los zu Camp 2: Wie sehr ich es auch, in meinen Tagebüchern jedesmal aufs Neue, bejammern mag, dieses kraftlose Erwachen, dieses Schicht für Schicht Anziehen, dieses Anlegen von Klettergurt, Monsterstiefeln und Steigeisen in beengtem Zelt, dieses am Seil eingebundene Losgehen, diese permanente stetige Überwindung, die mich doch jedesmal tausendfach belohnt. Schritt für Schritt wird unser Aufstieg rhythmischer, wir kommen gut voran. Nur der Sturm umtost uns, verwandelt den losen Neuschnee in Schleiergestalten, die sich uns entgegenschleudern, die uns geduckt zu Pausen zwingen. Anna kehrt um, und Renato brüllt mir, der Hinterfrau, gegen den tobenden Orkan die Gewissensfrage zu. Ohne richtig zu hören, verstehe ich meine Option. Umkehren? Mit Anna? Ich? Nein – ich bleibe bei dir – gehe mit dir. Eine Entscheidung, die ich weiter oben auf dem Plateau unter dem Serac und beim Jümarn im Serac ein wenig bereue. Shiring, unser Sherpa, hängt mittels seiner Steigklemme, seines Jümars, am gespannten Fixseil fest und kommt nicht um eine Gletscherspalte. Auch das noch! Wir warten ebenfalls im Seil hängend an der steilen Passage, bis er sein Problem gelöst hat. Schieben uns dann weiter vorwärts, Stück für Stück, Tritt für Tritt, bis zu einer Querung nach rechts unter der Eiswand, die dann in einem weiten Linksbogen überwunden wird. Oben angekommen haben wir eine Höhe von 7000 m erreicht. Stattlich – so hoch waren wir beide noch nie. Vielleicht hat sich der Sturm etwas gelegt, denn wir pausieren, umarmen uns glückselig und der Anblick des fast zum Greifen nahen runden Buckel des Cho Oyu überwältigt uns. Links unterhalb der Gipfelkuppe eine schräge Felsspitze, darunter nur 250 Meter höher als Camp 2, könnte man ein Zwischenlager, Camp 3, errichten. Von da aus wäre der Gipfel in nur 800 Höhenmetern über zwei felsige Stufen erreichbar.

Der Rundblick über die höchsten Berge der Welt grandios. Tiefe Riefen schroffer Rinnen gewähren Schattenspiel, sanfte Gletschermulden drohen mit weit aufgerissenen Spalten- Mäulern, zähnefletschende Felsriegel und furchteinflößene Felswände scheinen unüberwindbare Hindernisse. Unter uns die gelben Zelte des Basislagers auf braungrauem Geröll über fließend weißem Gletscherstrom. Alle Müdigkeit, alle Schwere ist verflogen und so spazieren wir die restlichen, leicht ansteigenden 150 Höhenmeter auf einer breiten, mit roten Fähnchen markierten Gletscherfläche der Abendstimmung entgegen bis Camp 2. Der wunderbare Shiring erwartet uns schon mit heißem Tee, Bouillon, Nudeln, bevor wir uns zu dritt im Zelt zusammenrollen und zu schlafen versuchen. Flüssigkeit, Flüssigkeit hämmert es in meinem Hirn und Pinkeln – ganz wichtig. Ein bisschen Kopfweh habe ich, aber ansonsten fühlen wir uns alle gut. Martin steckt den Kopf in unser Zelt, auch er hat den Aufstieg im Sturm geschafft, Toni sei umgekehrt.

Die Nacht auf 7200 m

Ich wälze und rolle mich mehrmals über den armen Shiring-Sherpa, um mich zum Pinkeln vor das Zelt zu quälen, manchmal auch nur vor das Innenzelt. Vom Süden schieben sich aufgebauschte Turmwolken in die mondhelle Nacht. Gerade wieder eingedöst weckt mich das Sturmgeheul. Das ganze Zelt ist in Bewegung, es knattert und flattert um mich herum. Ich fürchte abzuheben und davonzufliegen oder – das Vorzelt ist bereits angefüllt mit Schnee – unter diesem lebendig begraben zu werden. Auch an einen Lawinenabgang aus den steilen Hängen über dem Plateau muss man denken. Beten, nicht denken; und so reihe ich Vaterunser an Vaterunser. »Dein Wille geschehe … «, und bitte: »Lass mich diese Nacht überstehen.«

»Oh, Ihr Kraftengel, tretet stark auf die vier Ecken der Welt, damit sie nicht verweht werde. Oh, Äolus – beende dieses stürmische Spiel, diesen Schabernack, den du mit uns treibst, indem du minutenlang innehältst, uns für Momente in Sicherheit wiegst, um erneut entfesselt loszuschlagen – mit doppelter Gewalt.« Ein Fliehen nicht möglich, nur ein Ausharren in dieser kleinen gelben, vermeintlich sicheren Plastikkuppel, die uns hoffentlich nicht zur Falle gerät. Besorgt auch Renato und Shiring, die ebenfalls schlaflos, wortlos die Nacht absolvieren. Jeder von uns in seiner eigenen Gedankenwelt versunken, dösen wir uns gemeinsam dem Morgen entgegen, in der Hoffnung, durch das Tageslicht die Lage einschätzen zu können.

No good conditions

26. September

Shiring muss sich erst durch die Schneeberge im Vorzelt schaufeln, bevor er Stückchen für Stückchen den Reißverschluss des Außenzeltes öffnen kann. »No good conditions…«, sein Kommentar, nachdem er sich den Sturm um die Nase blasen lassen musste. Ein schnelles Frühstück aus Porridge und Tee und nichts wie weg. Keinen Bissen bekomme ich runter, einen trockenen Keks vielleicht zwischen all dem Räumen und Packen auf engstem Raum. Renato zieht mir meine Isomatte unterm Hintern weg, stopft, rollt und komprimiert viel zu Voluminöses in viel zu Beengtes! Ich bin mit mir und der Mühsal, meine Klamottenschichten übereinander anzuziehen, reichlich ausgelastet.

»Zieh den Klettergurt und die Steigeisen draußen an«, lautet Renatos Kurzbefehl, und schon krabble ich hinter das Zelt und benötige eine Ewigkeit, um im Sturmschatten mit steif gefrorenen Fingern den Klettergurt über dem dicken Daunenanorak zu fixieren und irgendwie die Steigeisen anzulegen. Ich bekomme kaum Luft, jede Bewegung gerät zur Höchstleistung. Shiring, der mir nicht mehr zusehen kann, zurrt mir die Steigeisen fest; Renato ist gegen den Sturm gestemmt schon losgestapft.
»Ich geh jetzt ins Zelt, um zu sterben«, rufe ich ihm nach.

Er kann es nicht hören, will es nicht nicht hören, will nicht sterben, zumindest nicht hier mit mir. »So ein Arsch!«, denke ich und der Zorn treibt mich an loszukrabbeln, mal auf allen Vieren, mal gebeugt. Ich stelle mich – stelle mich den Widrigkeiten, will siegen gegen diese Übermacht und wanke auf zumindest festverkrustetem Untergrund vor Shiring entlang der roten Fähnchen bis zur Kante über dem Abbruch auf 7000 m, wo mich Renato erwartet. Der Schnee wird von unten hochgepeitscht, verwirbelt sich und wir – eingesponnen in schwankendem Nebel – müssen uns an einem durch den Sturm fast waagerecht gespannten Seil nacheinander abseilen. Zusätzlicher Kraftakt und zeitliche Verzögerung in dieser lawinengefährlichen Passage.

Unter dem Serac auf dem Plateau angekommen, binden wir uns zu dritt zusammen an den Longues unserer Klettergurte, um die Gefahr, fortgeweht zu werden, zu minimieren. Aufrechtes Stehen nicht mehr möglich. Geduckt, gebeugt, gekrümmt, an steil exponierten Hängen, zusätzlich durch unsere Pickel gehalten, erreichen wir unser Zelt auf Camp 1. Shiring bereitet Brühe und Tee, und Renato bettet mich – seine Prinzessin – liebevoll auf Isomatte und Daunen. Ermattet schlafe ich eine Runde, bevor wir uns am frühen Nachmittag relativ erholt zusammen mit Anna auf den Abstieg ins Basislager machen.

Am Fuße des Killerhangs warten die Val d`Aostaner Remus und Mario. Sie gratulieren uns fast überschwänglich. Wozu eigentlich? Anfangs fühlte ich nur Erleichterung, dieser Hölle entgangen zu sein, aber jetzt – von den herzlichen Umarmungen dieser wilden Gesellen getragen – spüre ich die Freude, das Glück – vielleicht ein wenig Stolz, so weit bis unter den Gipfel gekommen zu sein: 7150 Höhenmeter ist schon eine Leistung. Zurück im Basislager erreiche ich per Satellitentelefon meine geliebte Familie – alle gesund, alle munter. Felicia hat eine Arbeitsstelle angeboten bekommen. Das ist es, was für mich zählt, das ist das wahre Leben. Ihnen von mir zu erzählen, würde sie unnötig beunruhigen.

27. September

Nach zwölf Stunden Tiefschlaf mit Wärmflasche auf dem Bauch, auf der Brust wache ich verklebt, mit dicker Herpeslippe und schmerzhaft verborkter Nase auf. Renato macht sich lustig über die verrotzte Prinzessin, aber seine unförmig verquollenen rot geränderten Augen sprechen ebenfalls Bände. Einigermassen zivilisiert nach Dusche und Haarwäsche sitze ich zusammen mit der Gruppe nachmittags beim Tee und Shiring berichtet von einer Lawine zwischen Camp 2 und Camp 3, die einen Sherpa verschüttet hat. Er konnte schwer verletzt geborgen und abtransportiert werden.

Mit dem Fernglas können wir sogar Personen erkennen, die langsam den Steilhang über Camp 2 absteigen. Wie widersinnig mutet da unsere Besprechung eines weiteren Vorgehens der Besteigung des Cho Oyu an. Wir, die wir nun nach dieser Nacht auf 7200 Metern bereit für den Gipfel wären, müssen zunächst abwarten, bis der Sturm sich legt, das Wetter sich bessert. Die jungen Val d`Aostaner geben auf, werden übermorgen nach Tingri absteigen. Sie sind jung, sie können und werden es sicher erneut irgendwann versuchen. Unser Aldo, der mit sechzig Jahren der Gruppenälteste ist, weiß, dass es für ihn vielleicht die letzte Möglichkeit ist, einen Achttausender zu besteigen, will mit dem jungen dynamischen Maurizio weiter kämpfen. Anna, die durch die Last ihres Equipments weit unterhalb Camp 2 an ihre Grenzen gestoßen ist, denkt über einen Abbruch nach. Ich höre inwendig die Fistelstimme von Hans Moser, mit dem Lieblingslied meiner Eltern: »Ja, wenn der Herrgott net will, nutzt es gar nix!«. Lasse alles auf mich zukommen, warte ab und höre mir Renatos Für und Wider an.

Stimmungspartikel

28. September

So, jetzt ist es raus. Shiring informiert uns beim Mittagessen, dass bei einer Besprechung aller am Berg arbeitenden Sherpas einstimmig beschlossen wurde, diesen nicht weiter zu versichern und dass alle Expeditionen zeitnah das Lager zu verlassen haben. Es sind am gestrigen Tag beim Einrichten der Fixseile wohl noch fünf weitere nepalesische Sherpas unter eine Lawine riesigen Ausmaßes geraten und nach den sieben verschütteten chinesischen Trägern in der Vorwoche sei das Grund genug, den Cho Oyu für diese Saison zu schließen. Werden wir uns diesem Verbot beugen?

Aldo und Maurizio wollen noch einmal hoch »Nur schaugen«, meint Aldo. Anna träumt von der Pasta ihres Mannes, der ein hervorragender Koch und Hausmann zu sein scheint, und Renato ringt mit sich selbst um die richtige Entscheidung für uns beide. Am Abend besucht uns Lucca von den Val d`Aostanern. Der Hang über Camp 2 sei eine Zeitbombe, sagt er, und das überzeugt uns alle fünf abzubrechen.

»Das Unerreichbare nistet sich ein in jeder Gebärde, in jeder Falte«

Botho Strauss

29. September

Das Wetter spielt mit unseren Nerven. Ein strahlender, windstiller Tag. Wir sitzen in der Sonne vor unseren Zelten, trauern beim Betrachten der *Unberührbaren* durch das Fernrohr dem *Unerreichbaren* nach. Die Göttin wünscht keinen Besuch, möchte nicht, dass auf ihr herumgetrampelt wird, schüttelt sich ein wenig und weist uns in unsere Schranken. Auch die einstmals so untertänigen Sherpas haben sich emanzipiert und bestimmen nun das Geschehen; sie wissen, dass ohne ihren Einsatz für die meisten Kletterer keine Gipfelchance besteht. Und das ist gut so.

Wir sind still und nachdenklich geworden, wir trotzen nicht, wir beharren nicht, wir versuchen das Ersehnte loszulassen, um Neuorientierung zuzulassen. Toni träumt von den Malediven, ich möchte nach Hause, meine Familie in die Arme schließen, um sie nie wieder loszulassen. Aber meine geliebten Töchter sind mit zweiundzwanzig und sechsundzwanzig Jahren flügge und eigenständig und müssen ihren eigenen Weg finden dürfen. Auf dem Weg zu uns herauf, schwer bepackte Yakherden, es herrscht reges Treiben, das wir zunächst nicht Einordnen können…

Die Chinesen als Eventmanager laden um 17 Uhr zum höchsten Fest in ihr Camp

Bei verglühendem Abendrot über dem Cho Oyu machen wir uns auf den Weg durch die einzelnen Zeltstadtteile bis zum Chinesischen Lager. Heiße Rhythmen durch Lautsprecher übertragen, Bier und Wein in Hülle und Fülle, dazu Kekse, Kuchen, Chips. Das Motto: »Die höchstgelegene Party der Welt«. Und ich Alte mittendrin. Wie ich dazu komme, dass alle Chinesen ein Photo mit mir zusammen möchten, ist mir ein Rätsel. Die roten Haare, deretwegen ich schon das ein oder andere mal vor die Linse gezogen wurde, können nicht der Grund dafür sein, weil ich eine dicke Mütze auf dem Kopf trage. Mein Alter vielleicht?

Ich hüpfe und tanze mit der Jugend, den Argentiniern, den Neuseeländern, den Engländern, den Frauen des Mainzer Alpenvereins. Renato und Aldo ziehen sich zurück, dieser plötzliche Trubel ist ihnen suspekt und zuviel. Ich unterhalte mich mit der Leiterin des Expeditionsveranstalters Amical, die sich beschwert, dass vier Kunden noch einmal auf eigene Faust hochgegangen sind. Auch Tamara Lunger will morgen noch einmal aufsteigen, hat aber kein gutes Gefühl im Bauch, weil ihr die Mama bei einem Telefonat davon abgeraten hat. Selbst Mutter, denke ich nur an die arme Mama und ihre Sorge um das Kind. Jahre später werde ich zufällig »die Mama« als Hüttenwirtin der Latzfonser-Kreuz-Hütte kennenlernen und interessante Hintergründe erfahren. Ein norwegisches Ehepaar kommt auf mich zu: »Erinnerst du dich nicht?« »Wir haben uns doch vor zwei Jahren auf dem Manaslu getroffen.« Natüüüürlich erinnere ich mich … – nicht.

Die Stimmung wird immer ausgelassener. »Hands up« und »Let`s dance« auf 5700 Metern muss man erst einmal schaffen. Ein reizender Brite namens Hugo, ausgerüstet mit einer Stirnlampe, die ich blöderweise vergessen habe, wird mir dann liebenswürdigerweise heimleuchten, über Geröll- und Yakhindernisse hinweg nach Hause in mein Zeltdorf, und – hicks – noch einen Schluck Bier mit »uns Italienern« trinken.

30. September

Leicht verkatert hocke ich beim Frühstück – Aufbruch allerorten. Ein Packen und Verstauen auch bei uns, nachdem Shiring zusammen mit einem Kitchenboy die Zelte und das verbliebene Material von Camp 2 und von Camp 1 heruntergeschleppt hat.

Die Nachricht, dass drei Japaner und ein Sherpa am Dhaulagiri den Tod fanden, ereilt uns. Abends sind wir zu Dinner bei den Val d`Aostanern eingeladen. Ihr Koch arbeitet seit Jahren im Winter auf einer italienischen Hütte und so wurde uns ein köstliches Menü samt Vino Bianco aus Glasgläsern kredenzt. Antpasti : Lardo, Salami, Schinken. primo piatto : zweierlei Pasta; secondo piatto: Stinco (Schweinshaxe mit Krautstrudel); dolce: Tiramisu. »Ja bitte, Renato, zieh mich hoch und bring mich ins Bett!«

1. Oktober

Nachts bekomme ich kaum Luft – ich habe wahrscheinlich viel zu viel gegessen; und am nächsten Tag beim Abstieg plagt mich trockener Husten; ich neige zur Hyperventilation. Ab Intermedia Camp holt uns ein Jeep ab, der uns nach Tingri bringt. Von dort geht es in der Abendstimmung im Kleinbus über die weite Hochebene Richtung Nepal.

Der Chomolungma (Everest) – hier von Norden unverstellt durch Nuptse und Lotse gesehen – scheint über dieser flachen Wüste zu schweben. Vor dem Nachthimmel setzt sich die weiße Gletschergestalt der Shishapangma ab, bevor wir unter monotonem Mantren-Singsang unseres Fahrers ohne funktionierende Frontscheinwerfer bergab auf Nyalam zurasen.

Epilog

Zurück in Kathmandu treffen wir ein Mitglied einer der Cho Oyu Expeditionen und erfahren, dass Walter Nones am 3. Oktober unterhalb einer Felswand tot aufgefunden wurde. Möglicherweise wurde er auf circa 7000 m beim Aufbau seines Zeltes von einer Sturmböe oder von einer Lawine erfasst. Tamara Lunger half bei seiner Bergung.
Alix von Melle und Rupert Hauer – unterwegs mit dem DAV Summit Club – erreichten am 2. Oktober trotz der schwierigen Verhältnisse den Gipfel.

»Lüftschloss« Collage/Mischtechnik 2005

Klein-Abenteuer

War es eine Halluzination der Erschöpfung?
War es reale Empfindung?
Ein gereichtes Glas Rotwein im Refugio Cosmique.
Körperliche Stärkung oder Sinnesraub?
Begegnung oder Traum?

»Klein-Abenteuer« – wie Renato zu sagen pflegt – das sich, meiner Empfindung nach, sehr schnell in »Groß-Abenteuer« verwandelte. Und mit einer vogelwilden dreimaligen Abseilaktion bei minus 20° Celsius von der Brüstung der Bergstation der Aiguille du Midi morgens begann. Goulotte de la Passerelle – der Zaubername.

»Klein-Abenteuer« – bei dem wir uns zunächst in einer Steilwand durch losen Triebschnee wühlten, bis wir am Fuß einer 150 m langen felsdurchsetzten Eisrinne ankamen. Mal versuchten wir unsere Eispickel und die Frontzacken unserer Steigeisen vorsichtig in eine hauchdünne, den Fels überziehende, Eisschicht zu bohren, mal legten wir die Eisgeräte vorsichtig auf kleinste Felsunebenheiten oder in winzige Spalten, um uns daran hochzustemmen, hochzuschieben. Sieben Stunden, eher weniger gesichertes Warten in ausgesetztem Gelände, bis Renato im Vorstieg zwanzig Meter, dreißig Meter, manchmal erst fünfzig Meter höher einen Platz fand, um einen Stand zu bauen; bis er ein oder zwei »Friends« – Klemmgeräte – in eine kleine Felsspalte setzen oder in dickere Eisschichten Eisschrauben eindrehen konnte. Sich selbst und uns daran sichernd, konnten wir – sein Sohn Etienne und ich – zu ihm nach oben nachsteigen. Dort angekommen sicherten wir zuerst uns selbst und dann ihn bei seinem weiteren vertikalen Bewegungsspiel. Für die jeweils Sichernden ein schier endloses, fast bewegungsloses Ausharren in klirrender Kälte. Völlig erschöpft und durchgefroren erreichten wir nach sieben Stunden die Station der Aiguille du Midi – die letzte Talfahrt hatten wir verpasst.

Renato diagnostizierte fachkundig »Nervenbruch«, als ich so zitternd und bebend meinem Körper ausgeliefert neben ihm saß. Unfähig, auch nur eine Ziffer der Telefonnummer einer nahegelegenen Hütte ins Handy zu tippen.

»Klein-Abenteuer« – das uns noch einmal hinaustrieb bei minus 25° Celsius in eine rotschimmernde Abendstimmung, hinein in eine frühe Winterfinsternis. Das uns nach einem Abstieg angeseilt über den Gletscher des Mer de Glace führte und wieder hinaufsteigend zur Cosmique Hütte. Aus den Bärten meiner zwei Gefährten hingen Eiszapfen, meine Augenbrauen waren weiß bereift. Die Hütte war noch kaum besucht und bis auf den Wirt und drei um einen Tisch sitzende Gestalten leer. Wie erschöpft muss ich ausgesehen haben, dass mir *»diese eine Gestalt«* sein Glas mit Rotwein reichte; und was bewog mich zuzugreifen, um daraus zu trinken? Mich zu stärken aus dem Glas eines Fremden, eines Unbekannten?

»Klein-Abenteuer« – denn durch die Bewegung des Aufstiegs und die Wärme des Raumes aus meiner bebenden Erstarrung gelöst, fühlte ich eine feine Verzückung in mir, die sich blitzartig in einen Wirbelwind der Gefühle verwandelte. Meinen beiden Partnern war nach der Anstrengung des Tages der Appetit vergangen, ich hingegen löffelte genussvoll eine Suppe und leerte zusammen mit dem Herrn vom Nebentisch ein um das andere Glas. Welch Funkenspiel, welch Knistern, welch köstlicher Zauber über die Tische hinweg. Diese Höflichkeit, diese Liebenswürdigkeit schafften eine Atmosphäre von zarter Intimität zwischen uns. Auch meinen Freunden und seinen Begleitern blieb dieses gegenseitige Zugeneigtsein nicht verborgen.

Zerknüllt und zerknittert nach einer von Wadenkrämpfen gepeinigten Lagernacht, unfrisiert, ungeschminkt und ohne geputzte Zähne schlürfte ich meinen Frühstücks Café au lait, tief berührt durch seine warme weiche sonore Stimme und seinen herzlichen Guten Morgen-Gruß, an die »strahlende Iris« gerichtet. Wir legten uns gegenseitig eine vage Spur aus vorsichtigen Andeutungen und scheinbar nebensächlichen Informationen.

Nichts ist.
Sagt der Weise.
Du lässt es erstehen.
Es wird mit dem Wind
Deines Atems verwehen.
Unmerklich und leise.
Nichts ist.
Sagt der Weise.

Mascha Kalèko

Epilog

Er fuhr über das berühmte Valle Blanche mit Ski nach Chamonix ab. Wir entschlossen uns – weil wir ja nun schon mal *da* waren – zum Aufstieg über den Cosmique-Grat zur Aiguille du Midi. Ein grandioses Unternehmen mit Auf- und Abstiegen. Vorbei an über steilen Rinnen hoch aufragenden Granittürmen, immer an ausgesetzter Gratschneide spurend, im Angesicht des mächtigen Mont Blanc und seiner Trabanten.

PATAGONIEN
Schicksalshaft
mir zugedacht …
2013 | AGUJA GUILLAUMET 2580 M

17. November

Abendessen in einer Edelkneipe in El Chalten am Ende der Welt
»Ach, lieber Ermanno, du musst zugeben, dass meine Geschichte besser klingt als deine!«, bekunde ich frech und lasse mir von Renato ein Stückchen Wiener Schnitzel mundgerecht geschnitten auf meinen Teller balancieren, nachdem mir Ermanno Salvaterra, ein Ausbilderkollege von Renato, seine daumenlose rechte Hand entgegenstreckte. Schnell hat es sich in dem kleinen Ort herumgesprochen, was mir passiert war, und beim Abendessen mit diesem berühmten italienischen Bergsteiger erzählt uns dieser, wie er seinen Finger verloren hat.

Er, der »große Salvaterra«, dem 1985 zusammen mit Sarchi, Giarolli und Caruso die erste Winterbesteigung des Cerro Torre über die Südostroute gelang, er, der als Filmemacher und Autor über diverse Routen diesen schwersten Berg der Welt immer und immer wieder erklomm, filmte und seine Eindrücke literarisch verarbeitete, er, dessen Herz unermüdlich für Patagonien, unermüdlich für den so gewaltigen schneebekränzten Cerro Torre schlägt, hackte sich beim Holzmachen zu Hause den Daumen ab.

Mein linker Zeigefinger hingegen hängt im Felsen der Aguja Guillaumet, einem 2580 Meter hohen Felskoloss nahe dem Fitz Roy.
Und das ist meine Geschichte:

13. und 14. November

»Diese Berge warten nicht, diese Berge bestimmen den Zeitpunkt«, lautet die Begrüßung von Carlito bei unserer Ankunft in El Chalten. Von München nach Buenos Aires, von Buenos Aires nach El Calafate, von El Calafate circa drei Stunden mit dem Bus nach El Chalten, sind wir nach vier Tagen endlich am Ziel unserer Reise und dürfen bei wolkenlosen Himmel und Windstille den Blick auf unsere Traumberge Cerro Torre, Fitz Roy und all die imposanten gezackten Granitnadeln dazwischen genießen. Majestäten aus Stein, unnahbar und furchteinflößend. Hierher wünschten wir uns, hierher, in diese so unglaublich weit entfernte rauhe Gegend, an den Zauberrand der Welt.
Wir sind in Patagonien, dem Land das schon vor hundert Jahren Abenteurer aus aller Welt anzog, über dem tollkühne Piloten Post und Fracht transportierten. Diese Flugstrecke über die Andenkette mit ihren Felstürmen

und dem Unbill der Witterung galt damals als die gefährlichste Flugstrecke der Welt. Felsnadeln und Zackentürme – benannt nach den Piloten Guillaumet, de Saint Exupéry, Mermoz, Fitz Roy – sind somit felsenfeste Erinnerung an mutige Männer. Wir sind in Patagonien, dem Land des Riesen Patagon der nicht nur in Mythen und Sagen vorkommt, sondern über den bereits 1520 Magellan schrieb, indem er über den Stamm der Tehuelche berichtete. Über Menschen mit unglaublich großen Füßen und von furchterregender Größe.

Carlito, ein junger schlaksiger Mann und ortskundiger Bergsteiger flößt uns jedenfalls keine Furcht ein; er wird uns die nächsten Wochen auf unseren Touren begleiten und erläutert uns sofort nach unserem Eintreffen im Hotel seinen Plan. Schon morgen wird der Tag der Tage sein, um einen Berg besteigen zu können. Früher musste man in dieser wetterlaunischen Gegend oft wochenlang in der Wand biwakieren, sich unter einem Überhang oder hinter einem Stein verkriechen, um auf besseres Wetter zu warten. Heute ist die Wettervorhersage relativ präzise – und *nur* noch für morgen sind optimale Bedingungen vorhergesagt.

Ich bin müde und erschöpft von der Reise, dazu erkältet, verschnupft, verrotzt, und möchte nur schlafen. Mit Triefnase über die Landkarte gebeugt, verfolge ich aus meinen Schlitzaugen heraus, wie sich Carlitos Zeigefinger zunächst langsam über die Schotterstraße nach *El Pilar* auf 460 Höhenmeter schiebt, was soviel wie Taxifahrt bedeutet. Dann aber – *trapp trapp trapp* – springen seine wulstigen Klettererfinger am *Rio Electric*o entlang durch patagonischen Wald und – *zack zack zack!* – den Serpentinenpfad hoch bis auf 1500 Meter Höhe zum *Piedra Negra Stein*, wo man normalerweise übernachtet, biwakiert, bevor man am nächsten Tag weiter aufsteigt zum Gipfel.

Bei Carlito ist das aber alles easy, locker, auch an einem Tag zu schaffen – »Donde es el problema?«. Nur noch schnell über den Gletscher hoch und – Juhu! – schon werden wir am Wandfuß stehen. Acht Fingersprünge zeigen die acht Seilllängen im feisten Granit – nur eine davon 6 b – »ist doch machbar, oder?«. Und oben nur noch schnell 100 Höhenmeter bis zum Gipfel der Guillaumet im Schnee. Perfekt – geschafft – und Abseilen - *Sssst!* – schon saust sein Finger über eine Direttissima hinunter zum Gletscher und zurück ins Tal. 2100 Höhenmeter müssten doch zu schaffen sein, bevor sich das Wetter wieder verschlechtert!

Und schlafen, wann darf ich endlich schlafen? Diese Frage bleibt unbeantwortet und mir wird klar, dass es sich hier nicht um meinen Biorhythmus, sondern um das Wetterfenster handelt. Aufbruch wird noch heute abend um 23 Uhr sein. Davor gibt es etliche Besorgungen zu tätigen: Gaskartusche für den Kocher, Brot, Käse, Schinken und Kekse, Teebeutel und Müsliriegel. Proviant, Seile, Steigeisen, Pickel, Klettergurte samt Karabinern, Friends, Abseil-Utensilien, Sicherungsgeräte und Kletterfinken werden aufgeteilt und in den Rucksäcken verstaut, dazu persönliche Über- und Unterbekleidung.

Wenn die Vorbestimmung die Welt regiert, kann die Freiheit des Willens nur Schein sein.

Bis heute stelle ich mir die Frage, warum ich mich dermaßen blauäugig auf dieses Abenteuer eingelassen habe. Mit 58 Jahren, dazu angeschlagen und übermüdet, sollte doch ein Wetterfenster nicht alleiniger Grund dafür sein dürfen. Aber ich bin dabei: nach dem Abendessen um 20 Uhr, verziehen wir uns schnell ins Bett und schlafen zumindest bis 23 Uhr.
Ein Fahrer wartet schon, und ehe ich mich versehe, schlängeln wir uns die ersten drei Stunden ohne merklichen Höhengewinn im Kegel unserer Stirnlampen durch gespenstisch bizarren Wald. Der Fast-Vollmond wirft sein fahles Licht durch die gekrümmten, verschraubten, windzerzausten Südbuchen. Äste und Totholz liegen kreuz und quer über dem noch relativ breiten Weg am Fluss. Uns voran eilt Carlitos; ich falle zurück, überlege, ob sich ein Puma wohl mich, das schwächste Glied der Truppe, aussuchen würde, und hole dann schnell wieder auf!

Ab bereits 500 Höhenmetern lichtet sich der Wald, wir queren eine sumpfige Wiese, bevor wir uns in unangenehmen, engen, steilen Serpentinen über Matten und Schotter 1000 Höhenmeter nach oben quälen. Bitterkalt ist es hier an der Piedra Negra, einem Felsblock, der Schutz bietet, um zu pausieren, um den Kocher für Tee anzuwerfen, um uns mit Keksen Brot und Schinken zu stärken. Neben uns kriechen zwei verschlafene Kletterer aus ihren Schlaf- und Biwaksäcken.

Hier gabelt sich die Route nach rechts hinüber zum Paso del Cuadrado und weiter zum Glacier Fitz Roy. Unsere Route führt linker Hand anfangs über einen steilen Gletscher. Meine Steigeisen bohren sich in eine hauchdünne filigrane Eisschicht über dem harten Schnee, und wie zerbrechende Glasscherben rieselt diese Kruste unter meinen Tritten in die Tiefe. Dazu dieses besondere duftige violett-rosarote Licht des frühen Morgens zwischen Eis und Süden. Alba, die Morgenröte verleiht mir wieder frischen Mut, und trotz der Mühsal steige ich weiter über Blockgestein, zuletzt auf allen Vieren in einem steinschlaggefährdeten steilen Kanal hoch bis zum *Paso Guillaumet* auf einer Höhe von etwa 2100 Metern. Oben angekommen, genießen wir bei einer Rast die ersten wärmenden Sonnenstrahlen. 1700 Höhenmeter liegen hinter uns, was in etwa einer Mont-Blanc-Besteigung gleichkommt . Allerdings bewegen wir uns hier nicht auf einer Höhe von fast 5000 Metern, sondern nur auf einer Höhe von 2000 bis 3000 Metern. Also schiebe ich mir einen *Vita-Sprint*-Energieriegel in den Mund und freue mich trotz der Erschöpfung auf die 300 Meter lange Granitkletterei der *Brenner-Route* an dem sonnenbeschienen Pfeiler. Die schweren Stiefel wechseln wir gegen die leichten ballerinaartigen Kletterfinken. Der Wermutstropfen: die schweren Rucksäcke, bestückt mit Stiefeln und Steigeisen für den letzten Aufschwung zum Gipfel, müssen mit durch die Wand geschultert werden.

Erste Seillänge
5. Schwierigkeitsgrad. Carlito im Vorstieg, Renato sichert ihn, und ich kann noch etwas ausruhen, bevor auch ich mich in das Kletterseil einbinde und zusammen mit Renato, gesichert von Carlito, der 40 bis 50 Meter über uns einen Stand gebaut hat, nachsteigen kann. Ich klettere langsam, unter anderem auch, weil mein Seil schlabbert. Carlito hält es nicht so stramm gespannt, wie ich es gerne hätte, um bei einem Sturz nicht wirklich zu fallen.

Zweite Seillänge
Genusskletterei auch für mich. Der weißgrau gesprenkelte Granit – körnig, griffig; Reibungskletterei vom Feinsten. Unter uns ein rotschwarzer Vulkankegel namens Castillo Negro, der dem darunterliegenden Gletscher eine vornehme Blässe verleiht. Matt graugelb meliert die Felszapfen über uns, und gegen strahlendes Himmelblau die imposante, um 900 Höhenmeter unsere Guillaumet überragende, Nordwand des Fitz Roy.

Dritte Seillänge
Carlito wählt den linken der drei Felsrisse über uns aus. Am Stand gesichert schlafe ich fast im Stehen ein, während sich Carlito seitlich gegen den Felsen gestemmt an einer Felsschuppe im Schwierigkeitsgrad 6 b nach oben piazt. Ich bitte Renato, im Nachstieg hinter mir zu bleiben, denn der

Antritt von unserem Felsband in den Riss hinein scheint mir etwas tricky. *Renatos Service* fehlt, denn weder hängt da eine verlängernde Schlinge an dem Friend, um mich im Notfall daran hochziehen zu können, noch ist das Seil gut eingezogen. Es schlabbert vor mir herum und gibt mir keinerlei Sicherheit. Mit Mühe erreiche ich mit der rechten Hand den Friend – das Klemmgerät –, den Carlito zu seiner Sicherung in den Fels gesetzt hat, und umgreife mit der linken Hand die Felsschuppe, um mich ebenfalls seitlich mit den Füßen nach oben stemmen zu können. Mein Zauberspruch – »Tira!« (»Zieh!«) – funktioniert nur bei Renato, weil wir ein gut aufeinander eingespieltes Team sind, nicht aber bei Carlito, dem wir als Ortskundigen den Vorstieg überlassen hatten.

Eine Sekunde der Unsicherheit, der Unschlüssigkeit, mich am schlappen Seil so weit hochgewagt zu haben, genügt, um zu fallen und drei, vier Meter tiefer auf Renato zu landen, der gerade dabei ist, den Stand auf dem Felsband abzubauen. Meine drei mittleren Finger der linken Hand bluten …, und erst bei genauerem Hinsehen sehe ich eine weiße Knochenspitze aus der Zeigefingerhälfte ragen. Erstaunlich cool diagnostiziere ich: »Offene Fingerfraktur – daran werde ich nicht sterben – so ein Glück«, und schon strecke ich Renato meine linke Hand hin, um *irgendetwas* damit zu tun: abbinden, verbinden, keine Ahnung … – nur sehen möchte ich sie nicht mehr.
Renato aber muss uns zunächst erneut in der Wand sichern. Er setzt drei Friends in verschiedene kleine Felsspalten vor uns, verbindet sie mit einer Schlinge und hängt einen Karabiner daran, bevor er unsere Seile mit einem Mastwurfknoten darin einbindet. *Stand* also, und jetzt hat er, haben wir die Hände frei. Er kramt im Rucksack nach dem Tape, während ich die Hand in ein Schneefleckchen stecke, um die Blutung zu stillen. Zuerst wickelt er Tapesschicht für Tapeschicht um den Bruchfinger, dann um die restlichen zwei blutenden Finger. Erstversorgung beendet.

Nun gilt es Carlito 40 bis 50 Meter über uns klar zu machen, was passiert war und dass er, statt uns im Nachstieg zu sichern, sich wieder zu uns hinunter abseilen muss. Kommunikation in der Wand ist immer schwierig, wir schleudern irgendwelche Wortbrocken in englisch, italienisch, spanisch, deutsch in den Äther, in der Hoffnung, dass irgendetwas davon oben bei ihm ankommt.
»Unfall … accident … Hilfe … dedo está roto, *deeedooooo rrrrrroootoooooo*
Tornare … come back … Du Abseilen! …

Es dauert eine ganze Weile bis Carlito über uns einschwebt, nicht jedoch ohne zuvor mit Todesverachtung meine Fingerspitze von der Felsschuppe gepflückt zu haben. In ein Taschentuch gewickelt, steckt er sie mir in die Hosentasche. Ich bin dabei, mir mühsam einen Bergstiefel anzuziehen, während Renato die Seile abzieht und Carlito sich weiter abseilt, um uns eine Etage tiefer in Empfang zu nehmen.

Jetzt hellwach verlangt mir das Prusikknoten-Schieben mit der kaputten Pfote beim zweimaligen Abseilen vollen Einsatz ab. Rechter Fuß warm besockt in einem Bergstiefel und linker barfuß in einem Kletterfinken, finde ich mich im losen Tiefschnee knapp unter der Randkluft des Glacier Piedras Blancas Superior wieder. Uns dreien ist die Gefahr, eine Lawine lostreten zu können, nur allzu bewusst, und so wühle ich mich als erste mit unterschiedlichem Schuhwerk seitlich aus dem Steilhang Richtung Felswand und weiter absteigend zum Pass-Plateau.

Die »Jungs« ziehen noch die Seile ab, verstauen sie in den Rucksäcken und erreichen nach mir die Passhöhe. Hier erst realisiere ich, noch lange nicht in Sicherheit zu sein. Die Wunde muss versorgt werden, der Finger vielleicht amputiert. Auf Rettung zu warten, scheint nicht ratsam, denn erst im Tal gibt es die Möglichkeit, einen Notruf abzusetzen und Helikoptereinsätze sind in Patagonien nicht üblich. Um die Hand kühl zu halten, füllen wir Schnee in unsere Thermosflaschen, um ihn für den Rückmarsch zu konservieren. Durch die Kälte ist die Blutung gestoppt und ich habe keinerlei Schmerzen.

Also runter wie rauf, über den Steinschlagkanal abseilend, über das jetzt aufgeweichte Eisfeld abrutschend, und über die Blöcke bis zur Piedra negra balancierend. Hier rasten wir auf einer riesigen, rostroten, glattpolierten Felsplatte und schieben uns Wurstbrote in den Mund. Carlito meint, mich beruhigen zu müssen, indem er mir von Carolina, der Ärztin im Dorf, erzählt , die sicher alles wieder richtet. Renato sagt wenig, fühlt sich verantwortlich, schuldig, weil er Carlito den Vorstieg überlassen hatte. Vollkommen unnötig, weil es die einzig sinnvolle Entscheidung, und zwar von uns beiden gewesen war. Aber ich beschwöre ihn, erwarte von ihm ,mich zu hundert Prozent bei meinem weiteren Vorgehenswunsch zu unterstützen, im Notfall auch gegen den ärztlichen Rat. Mein Plan: Wundversorgung unter örtlicher Betäubung und Basta. Alles weitere wird sich zu Hause ergeben müssen. Wichtig ist nur, dass es keine Infektion gibt.

Carlito, beim weiteren Abstieg uns voraus, organisiert von der Hütte im Talschluss meinen Transport ins Krankenhaus. Gleich nach der Ankunft im Refugio Los Troncos packt mich Ignazio, der Hüttenwirt, auf sein Quad und in wilder Fahrt durch holprige Bachbetten, über Gras-, Matsch- und Wurzelböden – Gas – Bremse – Gas – rauf – runter – rauf – geht es zurück zur Landstraße, wo mich ein Taxi abholen wird. Besorgt, dass ich nicht im hohen Bogen von seinem Gefährt fliege, bittet er mich, ihn fest zu umklammern. Auch er versucht, mich aufzumuntern, indem er mir von Carolina, der Ärztin und Dorfheiligen erzählt, die Wunder wirken kann, und ich stelle mir eine matronenhafte Medizinfrau vor, die mir mit allerlei Hokuspokus das Fingerglied wieder anzaubern wird!

Angekommen in El Chalten – es ist mittlerweile etwa 17 Uhr, nimmt mich spontan freundschaftlich eine zierliche, durchtrainierte junge Frau in ihrem blitzsauberen Ambulatorium in Empfang. In Jeans und T-Shirt unter dem weißen Kittel, dem flott gestuft braungrau meliertem Haar, das ihr schmales feines Gesicht umrahmt, wirkt sie jünger als sie vermutlich ist. Eine erfahrene Ärztin, die in Ruhe meinen Stumpf auf sterilen Tüchern gebettet betrachtet. »Nein«, sagt sie, so etwas hätte sie auch noch nie gesehen. Sie sieht stündlich die Chancen schwinden, das mitgebrachte Fingerglied wieder annähen zu können. Schon jetzt nach sieben bis acht Stunden sei es unwahrscheinlich. Aber vielleicht in El Calafate in der großen Klinik, und sie telefoniert mit Vanessa der Oberärztin der Chirurgie dort.

Ich protestiere – »Nein, da will ich gar nicht hin! , - lass den Finger Finger sein, nur Wundversorgung will ich *nur das*! Renato? Wo bleibt Renato? Er hat doch versprochen, mich zu unterstützen, mit mir zu kämpfen, wenn ich in die Mühlen der Medizin gerate. Aber Renato hat noch diesen dreistündigen Rückmarsch auf dem Waldweg zu bewältigen – es kann also Stunden dauern, bis er hier ankommt.
Carolina, selbst Kletterin, meint es gut mit mir, will um meinen Finger kämpfen, telefoniert hin und her und organisiert, dass Vanessa in El Calafate auf mich wartet, und alles – wirklich alles – tun wird, um diesen Klettererfnger zu retten. Ich gebe nach, weiß genau, dass hier mit Kanonen auf Spatzen geschossen wird; ich gebe auf und lasse mich wie ein Schlachtvieh liegend und an einer Infusionsflasche hängend in einem Krankenwagen, von einer Nurse begleitet, in die Hauptstadt rasen!
Die Infusionsnadel ist schlecht gestochen, es fließt bei Lagewechsel immer Blut zurück, der Arm schmerzt. Der dümmliche Fahrer dieses klappigen

Vans darf endlich einmal zeigen was er kann, schaltet das Blaulicht ein und in einer viel zu rasant genommenen Kurve löst sich oben der Erste Hilfe-Kasten aus seiner Verankerung und plumpst mir auf die Schienbeine. »Aua – das tut wirklich weh!« Die blöde Nurse pennt, aber tut recht freundlich ...

So – und anstatt auszuruhen – werde ich so zornig, so stinksauer, dass alle meine Lebensgeister wieder auf Hochtouren zu arbeiten beginnen. Ich bin alleine, alleine auf mich gestellt, der doofe Renato hat mich verlassen, oder ich ihn – egal. Ich darf nicht zulassen, dass man mich hier in dieser Notfallambulanz des Kreiskrankenhauses unterbuttert und schon wehre ich ein riesiges Mannsbild ab, das mir Blut abnehmen will. Nix da – wofür? Höre ich Narkose? No! No! No! – kommt gar nicht in Frage, werde mir doch nicht so einen Dreckschlauch von Euch in die Luftröhre schieben lassen. Trotzdem weiß ich, dass die Wunde dringend versorgt werden muss.

Wie ein Engel erscheint mir da Vanessa, die Oberärztin. Fließend Englisch, relativ gutes Deutsch, hat in Heidelberg Medizin studiert. Erst mal durchatmen – was ist passiert? Sie hat gewartet, verlängert ihre Dienstzeit, und nimmt sich alle Zeit der Welt für mich. Es sei genug Haut vorhanden, um den Stumpf über der Bruchstelle zunähen zu können. Die sauberste Lösung wäre zwar, noch das Gelenk des dritten Fingergliedes zu entfernen, was jedoch nur im Operationssaal und unter Vollnarkose möglich sei. Keine Narkose – meine Entscheidung steht – und so liege ich mit dem Kopf zur Wand gedreht, den linken Arm ihr zugewandt und harre der Dinge, die da kommen.

Sehen möchte ich diese Prozedur nicht, die Schmerzen der tiefen Nadelstiche in die Mittelhand fast unerträglich, konzentriere ich mich auf all die unterschiedlichen Geräusche in diesem einen Raum. Das Stöhnen eines alten Mannes hinter mir, das herzzerreißende Gebrüll eines Kleinkindes zwei Liegen weiter und die quietschenden Rollen des Behandlungshockers, aus dessen weißer Plastiksitzfläche grauer Schaumstoff quillt. Vanessa rollt zwischen Instrumententisch und Liege gefühlte Stunden hin und her, reißt und raschelt mit Abdeckfolien, sterilen Tupfern und Kompressen. Besprüht und bestreicht meine Hand, meinen halben Arm wieder und wieder mit Desinfektionsmittel, arbeitet ruhig, konzentriert, gründlich, wie mir scheint, und ich habe vollstes Vertrauen zu dieser so liebenswürdigen jungen Frau. Während sie näht, erzählt sie mir von ihrem acht Monate alten Baby und beteuert immer wieder, wie leid es ihr tue, diesen Finger nicht retten zu können. Muss ihr nicht leid tun, gibt schlimmere Schicksale im Leben als ein abgetrenntes Fingerglied. Ich bin ihr dankbar für ihre Fürsorge und ihren Einsatz und empfinde es keineswegs als selbstverständlich, hier am Ende der Welt so wunderbare hilfreiche Menschen zu treffen. Wir hätten noch genug Gesprächsstoff, aber ich bin fertig, zusammengeflickt, und habe einen dickem Verband über die ganze Hand. »Möchtest du im Krankenhaus schlafen, ich besorge dir ein Bett«, fragt sie dann noch und übergibt mir ein Rezept mit diversen Schmerzmitteln. Nein, Nein danke – ich such mir eine Unterkunft im Ort, antworte ich und wir umarmen uns beim Abschied. Die ganze Behandlung hat 400 Pesos gekostet, etwa 40 Euro.

Mittlerweile ist es 22 Uhr geworden, und ich lasse mich von einem Taxi in die kleine Pension bringen, in der wir bereits zwei Tage zuvor übernachtet hatten. Der Patrone staunt nicht schlecht, mich zu sehen , und, obwohl alle Zimmer belegt sind, überlässt er mir unentgeltlich eine Art Besenkammer mit Bett, Dusche und Toilette am Gang. Kein Problem. Aber ich muss noch schnell etwas essen und so kehre ich bei Casimiro um die Ecke ein, verschlinge eine Portion Nudeln und trinke zwei Bier dazu, bevor ich gegen 23 Uhr 30 ungewaschen, verdreckt und in voller Bergmontur einfach auf die Matratze sinke. 24 Stunden war ich auf den Beinen, und auch am Tag davor hatte ich nicht einmal drei Stunden geschlafen gehabt.

15. November

Vollkommen orientierungslos plagen mich Schmerzen zwischen Traumfetzen. Was ist passiert, wo bin ich?

Durch eine Fensterluke, vor der ein schmuddeliger, rosaroter Stofflappen hängt, schimmert Tageslicht. Ich habe weder Uhr noch Handy, eigentlich habe ich nur das, was ich am Leib trage und ein Umhängebeutelchen mit Geld, weil ich gestern beim Transport ins Krankenhaus den Bergrucksack Carolina übergeben hatte. Wie eine Pennerin schleiche im mich in den Frühstücksraum, nippe an einem Kaffee, bevor ich losziehe zur Apotheke und mich mit Schmerzmittel, Antibiotika, Seife, Zahnbürste, Zahnpasta, Mundwasser, Gesichtscreme und Haarbürste eindecke, um mich zuerst einmal waschen zu können. Beim zweiten Frühstück, das ich schon wesentlich gepflegter einnehme, überlege ich das weitere Vorgehen und muss einsehen, dass ich ohne Kontakt zu Renato nicht wissen kann, ob er hierher kommen wird, um mich zu suchen, oder ob er mich in El Chalten erwartet.

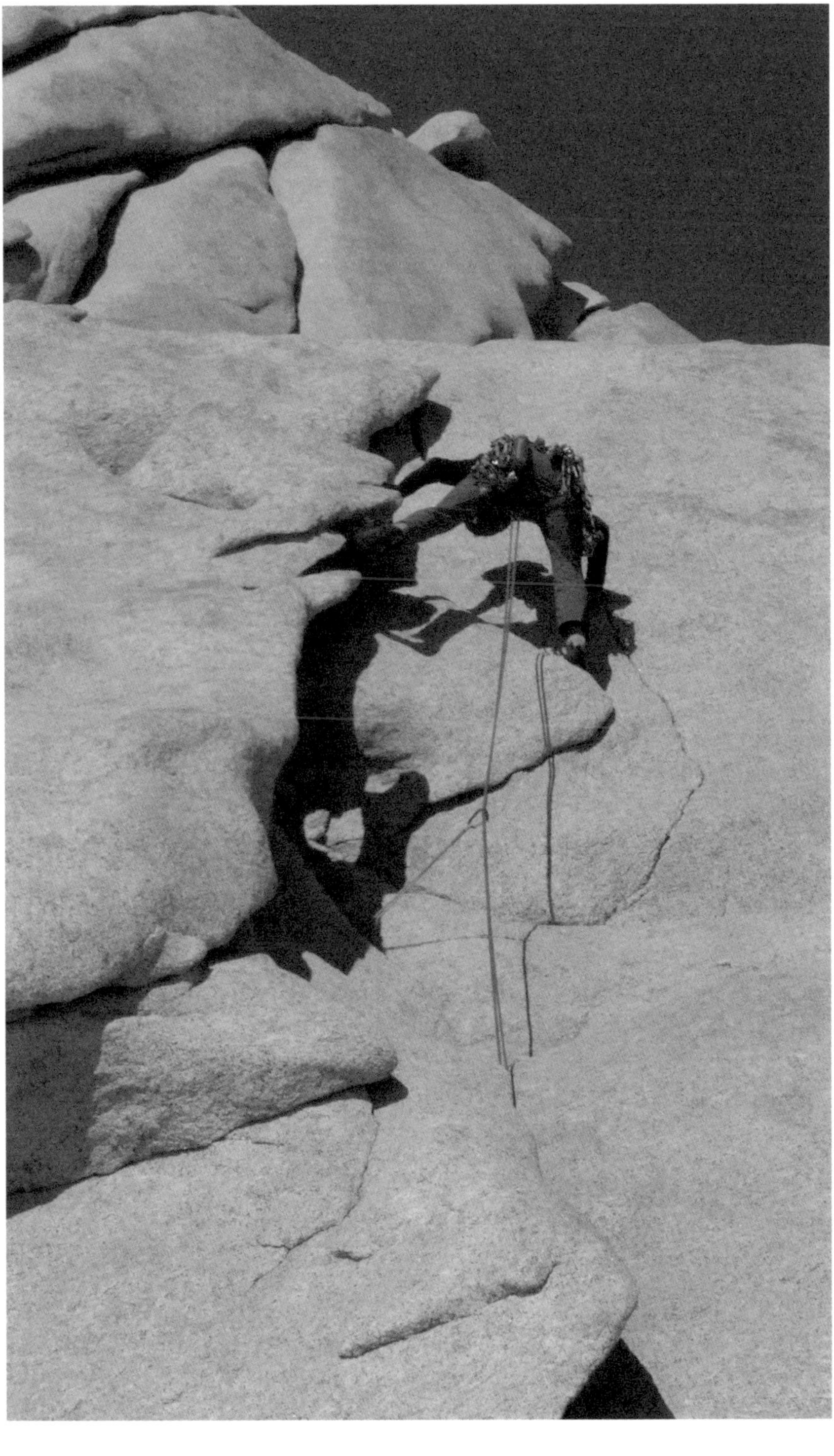

Ich entscheide mich für die zweite Möglichkeit und bestelle ein Taxi für gut 100 Euro nach El Chalten.
Um die Fahrt zu überstehen, schlucke ich eine hohe Dosis Ibuprofen.
Erst beim »Willkommen zu Hause« im Hotel El Puma falle ich zunächst weinend Renato und dann den reizenden Hotelbesitzern in die Arme. Alle Spannung löst sich; ich bin am Ende, ich lasse mich fallen, ich heule, was das Zeug hält. Blöderweise hat Renato meine Familie informiert. Die Kinder und Jockel voll der Sorge, gilt es zunächst, sie zu beruhigen. Nix passiert, alles okay, das bisschen Finger, brülle ich bei schlechter Verbindung ins Telefon, bevor ich wieder in mich zusammensinke und weiter schluchze. Später dann Besuch von Carolina, die mich herzlich drückt und immer wieder beteuert, wie stolz sie auf mich ist. Du bist eine so starke Frau, sagt sie, und morgen früh sehen wir uns zum Verbandwechsel in meiner Klinik. Beim Abendessen überlegen wir, Renato und ich, ob wir die Reise beenden sollen, abbrechen, aber momentan benötige ich die Pflege vor Ort. Und die ist sagenhaft!

16.November

Zehn Stunden durchgeschlafen, frisch geduscht und von Renato die Haare gewaschen bekommen, schlucke ich mein Ibuprofen, mein Antibiotikum, freue mich auf das Frühstück, und schlendere anschließend mit Rena die Dorfstraße entlang zum Ambulatorium von Carolina. Mindestens eine Stunde lang löst und öffnet Carolina millimeterweise die einzelnen blutig verkrusteten und ineinander verklebten Verbandschichten. Sehen will ich diesen Stumpf absolut nicht. Auch für Renato ein schwieriger Anblick. Dabei erfahren wir eine Kurzfassung der örtlichen Geschichte.

Über dem Cerro Torre – »dem Rauchigen« wie er auf Tehuelche heißt – schwebt das nie gelüftete Geheimnis seiner Erstbesteigung im Jahre 1959 von Cesare *Maestri*, Toni *Egger* und Cesarino *Fava* über die 700 Meter hohe Nordwand. Fava musste damals, 1959, im Aufstieg umkehren; Egger, der mit Maestri angeblich auf dem Gipfel stand ist im Abstieg, mitsamt seiner Kamera unter einer Lawine begraben worden und Maestri beteuert noch heute, auf dem Gipfel gewesen zu sein. Um kritische Stimmen zu entkräften versuchte Maestri sich 1970 erneut am Cerro Torre, indem er mittels eines Kompressors 300 Bohrhaken in den Fels trieb, sich von Haken zu Haken durch die Südwestflanke bis unter den Eispilz hocharbeitete, und dies als Gipfelbesteigung verkündete. Erst 1974 gelang Casimiro Ferrari, der mit Carolina befreundet war, die erste nachweisbar gesicherte Besteigung des Cerro Torre über die Westwand. 2005 wurde der Cerro Torre auf der von Maestri und Egger angeblich bestiegenen Nordroute von Salvaterra, Beltrami und Garibotti erreicht und mit dem Namen *El arca de los ventos* gekrönt ... – »Bogen der Winde«.

Jeden einzelnen Bergsteiger kennt Carolina gut, weiß Geschichten über sie zu berichten. Ihr Leben ist verwoben mit den Bergen und den Bergsteigerlegenden von früher und von heute. Sie stand mit Elio Orlandi auf dem Cerro Torre, freute sich über den Besuch von Thomas und Alexander Huber in ihrem gemütlich-kuscheligen Hotel El Pilar. Ihr Zwillingsbruder ist mit der Tochter von Cesarino Fava verheiratet, die zusammen mit ihrem Bruder das legendäre Restaurant »Patagonicus« betreibt.

17. November

Bei Sturm und Regen marschieren wir im Patagonien-Schritt torkelnd und breitbeinig nach vorne gebeugt dem Ambulatorium entgegen.
Carolina ist müde, sie war die ganze Nacht in ihrer Privatklinik im Einsatz. Trotzdem versorgt sie geduldig meinen Finger. Fühlt sich glücklich als Mutter von zwei vierzehn und sechzehn Jahre alten Söhnen, fühlt sich betrübt nach dem Scheitern ihrer Ehe.

Ich bin mittlerweile eine kleine Legende geworden hier im Ort. Die starke deutsche Frau, Heldin unter Helden. Aber was bedeutet schon die Auszeichnung »Held«. Stephan Siegrist, dem kurz vor unserem Eintreffen im August 2013 mit Thomas Huber und zwei weiteren Freunden die Winterbesteigung des Cerro Torre über die Ferrari Route gelang, behauptet von sich selbst, viel zu vorsichtig für einen Helden zu sein. Kraft, Schnelligkeit, Ausdauer, aber auch Mut und Einsatzbereitschaft für andere werden als besondere Fähigkeiten heldenhaften Rettern zugeschrieben.

Natürlich gibt es den Prototyp des Helden nicht, längst nicht mehr, und mittlerweile gestatten sich selbst die »stärksten Kerle« Gefühle preiszugeben. Ich denke, dass es vielmehr darum geht, bewusst eigene Entscheidungen zu treffen und dafür die volle Verantwortung zu übernehmen. Nicht darauf zu warten, zu hoffen, dass die anderen, Partner oder Freunde etwas mit dir teilen, dich auffangen, führen, stützen, festhalten. Was im Umkehrschluss jedoch nicht bedeutet, sich nicht stützen oder führen zu lassen.

Nur der Kopf muss dabei frei bleiben. Bei »sich selbst bleiben zu können« und dennoch Hilfe annehmen. Oft wird dieses »bei sich selbst sein« von einem Partner, der sich nach Einheit, nach Symbiose sehnt, als Zurückweisung empfunden, oft wird es verwechselt mit Ausbruch aus einer Beziehung in persönliche Freiheit. Gerade hier in El Chalten, dem Hotspot der Alpinisten und Alpinistinnen aus aller Welt, besitzt das Wort Freiheit einen ganz speziellen Stellenwert. Die Freiheit des Willens, die uns zum Gestalter unserer Wünsche und Träume werden lässt. Schopenhauer jedeoch hat erkannt, dass hinter unserer gefühlten Freiheit weit wirkmächtigere Naturkräfte Regie führen. Seine Erkenntnis: »Der Mensch kann wohl tun, was er will, aber er kann nicht wollen, was er will«

Klettern kann ich momentan nicht mehr, aber trotzdem verbringen wir eine gemütliche Woche hier in El Chalten. Bei gutem Wetter schnuppern wir auf unseren Wanderungen von Löwenzahnsamen beschneit die Polarluft und bestaunen den blühenden Flieder im November – verkehrte Welt.
Wenn aber der bitterkalte Frühlingssturm tobt und staubtrockene patagonische Schneeflocken auf uns einstechen verziehen wir uns hinter den Ofen unseres Hotels und freuen uns über den Besuch neugewonnener Freunde.
Weil meine Schmerzen erträglicher werden und Renato gelernt hat den Verband zu wechseln, entschließen wir uns an einer Kreuzfahrt zum Kap Horn teilzunehmen. Aber das ist eine andere Geschichte…

Epilog

Zurück in München versichert mir ein bekannter Handchirurg, dass der Fingerstumpf in Patagonien optimal versorgt wurde. Ich gewöhne mich langsam an seinen Anblick, lerne mit dem Phantomschmerz umzugehen und halte Zwiegespräch: »Guten Morgen Stumpf, noch gehört dir all meine Aufmerksamkeit. Du wirst beturnt und gebürstet, aber du musst lernen, dich mir anzupassen. Biege dich gefälligst, wenn ich mir die Wimpern tusche, wenn ich eiskletternd den Pickel umgreife!«
Nach der anfänglichen Sorge meiner Töchter, meines Mannes, bietet dieses Missgeschick jedoch meinem Dichter- und Denker-Mann wieder Stoff für ein liebevoll-aufheiterndes Gedicht.

EL CHALTÉN
EL CHALTEN
BIENVENIDOS

Mit Fingerlein und Fäustchen...

EIN KINDERLIED

Mit Fingerlein und Fäustchen – da ging sie in die Wand,
die war aus hartem Steine und hatte auch \`ne Kant.
Sie kletterte nach oben mit Kraft und viel Geschick,
das brachte ihr viel Spaß und gab ihr einen Kick.
Je höher desto besser, je steiler desto gut.
Sie hatte sehr viel Schneid und auch viel Übermut.
Sie glaubt\` sie wäre zwanzig, behende wie \`ne Echs,
drum suchte sie sich Routen mit Graden mehr als Sechs.
Doch wer das Schicksal fordert, muss wissen was er macht,
der tiefe Fall kommt immer »genauso wie die Nacht«.
Sie rutschte aus ganz plötzlich – verlor den Halt, den Tritt -,
der Körper fiel nach unten – nicht alles ging da mit.

Ein Fingerlein war bockig und hielt sich oben fest,
die scharfe Bergeskante besorgte dann den Rest.
Die Iris war verdutzt, vergaß sogar zu schrein –
sie zählte ihre Finger – da waren\`s nur noch neun.
Das Fingerlein, das Fingerlein ist weg nun von der Hand,
es half nix, dass Renato das Spitzchen später fand.
Doch gibt es auch was Gutes an diesem Missgeschick:
für Iris ist\`s ein kleiner Schritt ins große Glück.

Jedem Alpinisten kann sie die G'schicht erzähl'n:
»Ich bin fast wie der Messner, dem fehlen ja die Zehen.«
Die größten Bergeshelden – das ist ja weit bekannt –
erkennt man an den Stummeln an Füßen oder Hand.

Swami Sundaranand

GELEBTES LEBEN ARCHIVIERT – BEDEUTUNGSVOLL JEDE WURZEL JEDER STEIN

»Before entering the portals of the Himalaya I prostrate myself at the feet of Lord Ganesha, the son of Lord SHIVA and godness PARVATI«

Seit 1948 lebt hier, in dem Pilgerort *Gangotri* am *Bhagirathi*, dem Zufluss des heiligen Ganges, *Swami Sundaranand*. Seine Behausung eine offene Holzhütte, die Wände bis auf die letzten Zentimeter voll behängt mit vergrößerten Photographien in Goldrahmen, der Fußboden ausgelegt mit Teppichen, darauf zwei safrangelbe Sitzkissen. Umrahmt ist dieses schmucke Häuslein von einem kleinen Garten, in dem er all seine heiligen Fundstücke aufbewahrt. Gelebtes Leben archiviert. Bedeutungsvoll jede Wurzel jeder Stein.

Auf den ersten Blick scheint er ein einfacher safrangelb gekleideter Sadhu zu sein. Tatsächlich ist er Swami, was soviel wie Lehrmeister bedeutet, Yogi, Asket, Wanderer, Bergsteiger, Photograph, Naturforscher und Ökologe – alles in einer Person.
Er begrüßt uns freundlich, nachdem wir ihm unsere Ehrerbietung in Form einer tiefen Verneigung erbracht haben. Es ist mir selbstverständlich, mich vor dieser Person zu verbeugen, ohne mich dabei zu verbiegen. Gab es dieses Wort – Ehrerbietung – nicht auch einmal bei uns? Es wurde und wird Missbrauch mit der Macht getrieben – aber muss man deshalb alles Nivellieren, alles Gleichmachen? Und ich möchte es weder bewerten noch mir ein Urteil anmaßen, ob dieser, der in Indien als heilig verehrte Mann, in unserem Sinne heilig sein kann oder darf.

Würdevoll erscheint er mir, dieser zierliche 88-jährige mit seinem nackenlang zurückgekämmten Haar über fast faltenloser hoher Stirn. Der mächtige schneeweiße Vollbart steht im Kontrast zu seiner dunkelbraunen Hautfarbe. Sein Indisch-Englisch nicht immer ganz verständlich und die Chronologie seines Lebens durch elysische Erweckungen und dubiose Begegnungen für uns Europäer undurchsichtig. So flaniere ich wissbegierig lauschend durch das gelebte Leben eines indischen Gurus. Auch er – wie mein 2009 mit neunundachtzig Jahren verstorbener Vater – Zeuge seiner Zeit.
1926 geboren, fühlte er sich bereits als Kind berufen, suchte die Stille und machte sich mit zwanzig Jahren auf die Wanderschaft. In *Varanasi* angekommen humpelte er nach einem Unfall, mit verbundenem Bein, zu dem, Gott Shiva geweihten, *Vishwanath-Tempel*. Unter einem *Bohdi-Baum*, dem Baum der Erleuchtung, am Ufer des Ganges, hauste er unbehaust.
An Ruhr erkrankt, von Läusen befallen, krabbelte er mit letzter Kraft zum Fluss, um zu trinken. Dort fand man ihn ohnmächtig von Fliegen umschwirrt und trug ihn in ein Krankenhaus. Nach seiner Genesung setzte er unbeirrt seinen Weg fort – *Bhakti*, den Weg der liebenden Hingabe an Gott. In *Rishikesh* schlug er sich als Bettler durch, bevor ihn ein Lehrmeister bei sich aufnahm. Diesem zu Füßen liegend durfte er lernen, wieviel ein *Sadhu*, ein »Heiliger Mann«, essen und schlafen darf, wie man unnötige Gespräche und schlechte Gesellschaft meidet, wie man Almosen zu empfangen hat.
Er lauschte den Gesprächen der Asketen über das Ziel des Lebens. Dabei erfuhr er von dem berühmten Lehrmeister *Swami Tapovan Maharaj* und brach auf, diesen zu suchen.
Entschlossen, dem Körper jeglichen Komfort zu verweigern, alle Pein freudig zu ertragen und mit niemandem darüber zu sprechen, zog er mit zwei ockerfarbenen Roben, einem Baumwolltuch und der Almosen-Schale im Gepäck weiter nach *Uttarkashi*.
Die Füße blutig durch das felsig-steinige Gelände, und an sein Schweigeversprechen gebunden, durfte er, nachdem er seinen Meister gefunden hatte, diesen nach Gangotri begleiten. In einer kleinen Höhle nahe des Meisters Holzhütte fand er gebettet auf *Bhoj*-Blättern Unterschlupf.
Das Ende seiner Schweigezeit näherte sich und nach dem Studium der *Upanishaden*, der heiligen Schriften, und den philosophischen Lehrgedichten legte er vor Swami Tapovan sein Gelübde als Brahmane und Sadhu ab. Seit damals lebt er in Gangotri auf circa 3300 m im Garhwal-Himalaya in dieser Hütte. Täglich klettert er, auf vom Wasserfall ausgewaschenen, Felsstufen, hinunter zum Fluss, um sich mit dem heiligen milchigen Gletscherwasser von *Mutter Ganga* zu reinigen.

Früher reichte der Gletscher bis hierher. Heute liegt sein *Gomukh,* sein Maul, circa fünfzehn Kilometer taleinwärts. Darüber erhebt sich majästetisch der *Shivling*.
Was für uns ein dreitägiger Sitzmarathon in komfortablem Reisebus auf immerhin geschotterter Piste bedeutete, musste zu damaliger Zeit, selbst ohne Kasteiung, monatelange entbehrungsreiche Wanderschaft auf verschlungenen gefahrvollen Pfaden gewesen sein. Ausgesetzt den Launen der Natur ohne jedwede Ausrüstung.
Auf meine Frage, ob die Wiese nach dem Heiligen Tapovan oder der Swami nach der Wiese benannt wurde, die unser Basislager werden wird, gibt er freudig Auskunft über den so hoch verehrten Großen Heiligen. »Tapovan – der Wald der Strenge« ist namengebend für das von Swami Tapovan verkörperte Ideal von Strenge und Weisheit. »Wald der Strenge«– das ist Musik in meinen Ohren, und meine Gedanken schweifen ab, hinauf zum Ofenpass in der Schweiz. Hier »der Wald der Strenge«, dort »der Arvenwald von Tamangur«. Tamangur, aus dem Rätoromanischen übersetzt, bedeutet »Hütte der Mönche«, und der Wald gilt als Symbol für Hartnäckigkeit, Überlebenswillen, Stärke. Ich liebe es, dort in unserem Feriendomizil, alleine umherzustreifen, mich von der umgebenden Natur und den heimischen Sprachklängen inspirieren zu lassen.

Auch der künstlerischen Neigung *unseres* Swamis kam die Einsamkeit der überragenden Berge des Himalaya entgegen und seine Liebe zur Natur veranlasste ihn – vollkommen ungewöhnlich für einen Sadhu – zu einer Kamera zu greifen und damit Berge, Gipfel, Wiesen, Seen, Flora und Fauna ebenso wie das kulturelle Leben der Bevölkerung abzulichten. Bedeutend neben seinen Bildern von anstrengenden Wanderungen sind auch Abbildungen von Meditationen und spirituellen Praktiken.
Sensibilisiert für die Omnipräsenz Gottes liest er aus Wolkenformationen, aus der Form von Steinen, Wurzeln, Moosen und Flechten das Zeichen Aum oder Om heraus, hält es fest in seinen Bildern.
Als *Clicking Sadhu* bekannt, bekommt er Anrufe aus aller Welt von suchenden, von bedürftigen Seelen; und mit dem Handy am Ohr steht er mit Rat und Tat zur Seite, hier in seinem Garten, am Ende er Welt.

Dankbar für die Möglichkeit, diesen Garten der Vergangenheit betreten haben zu dürfen und erfüllt von dem Reichtum, der all den ihn umgebenden Fundstücken innewohnt, bedanken wir uns aufs herzlichste für dieses Treffen.

SHIVLING – Das Matterhorn Indiens

2014 | YIN UND YANG EINER BERGBESTEIGUNG 6543 M

»*Coffee fast*?« – »Yes, fast is good – schnell ist immer gut… «, denke ich in der Hoffnung auf einen heißen Kaffee samt Frühstück. Seit vierzig Minuten sitzen wir, halb erfroren, mitten im heißen Delhi in einem eiskalt klimatisierten Frühstücksraum in froher Erwartung auf »scrambled eggs« und / oder, Kardamon Reis, vielleicht ein Toast dazu – »buttered« sogar? Aber der indische Kellner will einfach nur wissen, ob er den »*Coffee first*« bringen soll! Wann wollen wir was? Alles zusammen – aber hopp – wollen wir Europäer es.

Wir Europäer, das sind Michi Währtl, der Expeditionsleiter, Claus vom Tegernsee, Klaus aus der Oberpfalz, Walter aus Österreich, Elmar, in Bern lebend, Michi und Ruedi aus der Schweiz; dazu *WIR*, das Dream-Team-*IRRE* aus *IR*-is und *RE*-nato.
Schon am nächsten Tag rütteln wir in einem klapprigen, heillos überfüllten Reisebus auf verwegener Bergstraße, die den Namen »Straße« nicht verdient, dahin. Verwegener als die Straße noch, unser Sikh-Fahrer mit ausladendem blauen Turban auf dem Kopf und meist nur einer Hand am Steuer. Von Delhi über Haridwar nach Rishikesh und über Uttarkashi nach Gangotri auf 3300 m. Ein Sitzmarathon – drei lange Tage. Gangotri – der Ausgangspunkt unserer Shivling-Besteigung.

Bereits am vierten Tag unserer Reise haben wir – das Dream-Team – es geschafft, dreimal verschlafen zu haben. Von der Superman-Truppe milde belächelt, verwirrt Renato die Gemüter zusätzlich, indem er von sich behauptet, »ein Mann sei er nicht, und auch ich solle nicht so tun, als sei ich einer!« *IRRE* gibt Rätsel auf!

Endlich durchschreiten wir, auf dem Pilgerweg flussaufwärts Richtung Shivling wandernd, das Tor zum Himalaya. Einer jener Ehrfurchtsorte, über den *Swami Sundaranand* in seinem Buch schreibt :
Bevor ich das Tor zum Himalaya durchschreite, beuge ich mich nieder vor Lord Ganesh, dem Sohn von Lord Shiva und seiner Gattin, der Gottheit Parvati.

Auf dem Pilgerweg ins Basislager

Vor uns ein Tross Träger und der Climbing Sherpa Singi Lama mit den anderen Expeditionsteilnehmern Mit uns, Renato und mir, mein persönlicher Träger *Lobsang*.

Das Tal öffnet sich und gibt den grandiosen Blick auf die mit 6853 m Höhe alles überragende Bhagirathi-Gruppe frei. Der Himmel tiefblau, Windstille. Die heilige Wiese *Bhojbasa* am *Bhagirathi*, dem Quellfluss des Ganges wird unsere erste Lagerstätte. Überall sitzen orangefarbene Sadhus in der Sonne am Ufer.
Nachts verkriechen sie sich in Höhlen oder in windige, von Steinmäuerchen umgebenen Blechbuden. Beschriftete Steintafeln weisen darauf hin, dass es sich hier um einen *Ashram*, also um ein Kloster handelt. Der Altar besteht meist aus einer Steinskulptur des heiligen Stieres Nandi, dem Reittier Gott Shivas.
Daneben erhebt sich ein Dreizack, der für die drei Grundqualitäten des Daseins steht und ein Lingam-Stein. Shiva Lingam, das Phallussymbol als schwellende Schöpferkraft auf einem Sockel, der einer weiblichen Genitalie nachgebildet ist. Umschlungen von einer Kobra als Symbol der Fruchtbarkeit und der Vereinigung des Weiblichen und des Männlichen.

Bevor wir am nächsten Tag den Gletscher betreten, diesen queren, und auf der Moräne zur Wiese *Tapovan* ,unserem Basislager, hochsteigen, passieren wir den heiligsten Ort *Gaumukh*– übersetzt »das Gletschermaul«. Eine zerklüftete Eishöhle, aus der heraus der junge Ganges strömt. Darüber erhebt sich majestätisch unser Ziel: »unser Shivling« mit seinem imposant geschwungenen Nordpfeiler.
Im Rauschen des Windes glaube ich ich die vierzehn Silbenkombinationen der Sprache herauszuhören, die hier der Sage nach von Gott Shiva aus seiner sanduhrförmigen Doppeltrommel *Damaru* herausgeschüttelt wurden. Dieser durch zwei Schnurklöppel verursachte Mini-Trommelwirbel soll den das Weltall wachrüttelnden Ton versinnbildlichen und den hauslosen Wandermönchen und Yogin als Erkennungszeichen dienen.

Unser Basislager: die Wiese Tapovan

Eine grasige Hochfläche auf 4300 m Höhe von einem mäandrierenden Bächlein durchzogen, darauf weidende Blue Sheep Herden.
Die Träger haben unter *Sashanks* Leitung nebst Zelten alles nur Erdenkliche hochgeschleppt, um es uns in den nächsten Wochen an Nichts fehlen zu lassen. Ich richte mich gemütlich ein in unserem Zelt. Packe den Waschbeutel, das Waschbeutelchen, den Mini- und den Mini-Mini-Waschbeutel aus. Räume Wäschehaufen, Hosen und Überhosen, Daunen und Nicht-Daunen von links nach rechts und umgekehrt. Wieder und wieder

webe ich mich bis zur Bewegungsunfähigkeit ein in mein Organisationskokon, schaffe es aber dann doch noch pünktlich um 18:00 Uhr ins Speisezelt zum Abendessen. Nachtruhe um 20:00 Uhr!
Die ersten Tage unter wolkenlosem Himmel und wärmender Sonne vergehen geruhsam mit Akklimatisations-Spaziergängen, gegenseitigem Kennenlernen, Equipment-Check, Proviantverteilung für die Hochlager und Bouldern an riesigen Granitbrocken.

Ein der Welt entsagender Eremit

Ein Stück oberhalb unseres Lagers entdecken wir einen Super-Boulder-Felsen, nicht zu überhängend, gerade richtig für mich. Aber warum hat man eine Plastikplane als vorgezogenes Dach daran befestigt? Und warum eine Türe vor einer Spalte angebracht? Und noch während ich darüber nachdenke, befinde ich mich bereits in einem halbdunklen Raum, darin ein in Meditation versunkener *Sannyasin*, ein der Welt entsagender Eremit. Etwas verwirrt über diesen so plötzlichen Besuch bittet er uns näherzutreten. Wir ziehen die Schuhe aus und platzieren uns im schummrigen Inneren auf den mit weißen Isoliermatten ausgelegten Boden zwischen einem zweiflammigen Gasherd mit Gasflasche und einer riesigen Alubox .

»Sesam – öffne Dich!«, und die Kiste verzaubert sich in eine Vorratskammer en miniature, aus der er drei Becher zu Tage fördert, sie mit Milchpulver und Kräutern aus Kerala füllt, kochendes Wasser darüber gießt, obenauf je ein Flöckchen Butterschmalz. Er ist dreiundvierzig Jahre alt und lebt seit nunmehr vier Jahren hier in dieser relativ komfortablen Höhle. Sie ist so hoch, dass man aufrecht stehen kann, und, abgetrennt durch eine orangefarbene Stoffbahn, gibt es einen niedrigeren Nebenraum mit Bett aus aufeinandergestapelten Matratzen darauf, verteilt ein paar Decken und ein, Gott Shiva geweihter, Altar.

Wir schlürfen dieses heiße, sättigende Gebräu und erfahren, dass es hier auf 4300 m Höhe im Winter zwischen minus 25° und minus 30° Celsius Außentemperatur und bis zu minus 5° Celsius im Inneren hat.
Nur in ein paar Decken gehüllt – ohne wärmenden Daunenschlafsack! Das will ich mir gar nicht vorstellen und ich beschließe ihm den meinen nach der Expedition zu schenken.
Manchmal meditiert er drei bis vier Tage in einer Haltung ohne zu pausieren, ohne zu essen, ohne zu trinken. »Der Geist ist ganz pur, ganz rein,

und nichts zu denken – das ist die größte Freiheit.« Auch Jesus sei ein Sadhu, ein Yogi gewesen und habe in Indien gelernt, meint er und erklärt weiter, dass es vollkommen egal sei, welcher Religion man angehöre – wichtig sei immer nur der Pfad zur inneren Freiheit, das Loslassen der Gedanken, um auf diesem Weg Gott nachzufolgen.
Und ja, ich kenne die Hypothese, nach der Jesus den vermeintlichen Tod am Kreuz dank in Indien erworbener Techniken, wohin ihn seine Wanderjahre geführt hatten, überlebte. Und meiner persönlichen Osterfreude täte es keinen Abbruch, nach vollkommener Hingabe, egal in welcher Form, feierlich der Überwindung des Leidens zu gedenken.
Und ja, dieses zurückgezogene reduzierte Leben – ohne Bindung an das Diesseitige, ohne ein Haben, ohne ein Wollen, ohne ein Müssen – übt auf mich immer wieder aufs Neue eine Faszination aus. »Haben oder Sein«, dieses gesellschaftskritische Werk von *Erich Fromm* – das Kultbuch meiner Generation:

Mit Sein meine ich eine Existenzweise, in der man nichts hat und nichts zu haben begehrt, sondern voller Freude ist, seine Fähigkeiten produktiv nutzt und eins mit der Welt ist.

Und ja, da muss mich selbst bei der Nase packen, meinen Glauben an Berechenbarkeit durch Besitz ad absurdum führen und meinen Wunschkatalog kritisch beäugen. Wir *haben* für diese Expedition zentnerweise Waren durch die Gegend schleppen lassen, weil wir auf den Gipfel *wollen*.
Und ja, für ein paar versprengte Stunden, fühle ich mich während dieser Reise ein Stück näher bei mir selbst, übe mich im Loslassen meiner geliebten längst erwachsenen Töchter, lebe ein Stück Gelassenheit und ertappe mich dabei, wie gerne ich den Gipfel erreichen möchte!

Aufstieg zu Camp 1 von 4300 m auf 5100 m

22. September 7 Uhr – Abmarsch

Lobsang voll bepackt mit Schlafsäcken, Klettergurten, Isomatten, dem Kocher und dem Essen uns voraus.
Beschwingt durch die Kühle des Morgens steigen wir die erste Stunde steil hinauf zum Moränenkamm. Dort sitzt verzweifelt »Klaus Oberpfalz« mit schmerzendem Sprunggelenk. Für ihn ist diese Expedition schon am ersten Aufstiegstag beendet! Umstimmen lässt er sich nicht; und wir gehen weiter:

endlos lang – der Moränenkamm! Hinunter zum Steingletscher, auf dem Shiva seine Zerstörungskraft voll ausgelebt hat queren wir stundenlang in einem Auf und Ab an Granitbrocken, durch Felsspalten über glucksende Eisbäche. Über uns der mächtige westseitige Serac unter doppelgipfeligem Shivling. Da soll ich rauf, da soll ich drüber – never ever! Aber erst einmal das Camp 1 erreichen, keine Sorgen auf Vorrat - eins nach dem anderen. Weitere Gletscherbecken querend, Moränen rauf, Moränen runter. Wenig Höhengewinn –viel Anstrengung. Zwischen Moosen und Flechten rosa-bräunlich versponnene Mini-Lingam-Pflanzenn. Irgendwann geht es dann gottlob nur noch hoch. Auf einem Felssporn Camp 1 auf 5100 m.

Belohnt mit einem spektakulären Abendrot und dem Blick in die Steilwände des *Meru*-Massivs kriechen wir in unser schon vorbereitetes Zelt-Nest. Löffeln Tomatensuppe, schlürfen Tee, schlafen selig. Bis zum ersten Pinkeln! Renato hat es als Mann, und er ist nun mal einer, wesentlich einfacher mit seiner Flasche, aber ich – ich muss raus. Und was dieses »Raus«„ einmal, zweimal, oder gar dreimal pro Nacht, bedeutet, entzieht sich der Vorstellungskraft unserer Wohlstandsgesellschaft. Das Geschenk jedoch, das ich für diese höchstnotwendige Überwindung, erhalte sprengt jedesmal aufs neue meine Daseinsform. Und – Pathos oder Nicht-Pathos, Erkenntnis oder Nicht-Erkenntnis – lieber Friedrich Nietzsche: hier funkelt das Firmament, hier lebt der Himmel und ich fühle dieses *Über-Mir* und »*Der Blick der Erkenntnis*«, wie von Ihnen in diesem Satz beschworen:

»Solange du die Sterne noch fühlst als ein Über-Dir, fehlt dir noch der Blick der Erkenntnis.«

Dieser Blick der Erkenntnis ist mir so egal!

23. September

»Guten Morgen Prinzessin, hast Du gut geschlafen?«
»Wie auf einer Erbse – aber danke. Und Du?«
»Weiß nicht so recht.«
Frühstückskonversation im Zelt. Die Ausrichtung von Camp 1 westseitig der Morgen noch eiskalt.
Wir kochen Vanille-Reis und nachdem wir den Topf bis auf das letzte Körnchen ausgelöffelt haben, bereiten wir darin Hot Chocolate zu. Ich habe etwas Kopfschmerzen, Renato wirkt auch leicht lädiert.

Die Pflicht ruft, zuerst in Form von Katzenwäsche. Großer Auftritt für mein Mini-Waschbeutelchen! Anschließend Schlafsäcke, Daunenanoraks, Hosen und Riesenhandschuhe zusammenrollen und in viel zu kleine Säcke stopfen. Logistik hin Logistik her – ein Teil wird schon 450 m höher nach Camp 2 transportiert. Klettergurte, Seile, Jümarn, die schweren Stiefel verbleiben wasserfest verpackt auf Camp 1.
Michi und Singi Lama steigen hoch, versichern den Aufstieg – wo nötig – mit Fixseilen und bauen Camp 2 auf 5550 m Höhe auf.
Wir steigen wieder ab ins Basislager; und selbst der Abstieg ermüdet mich. »Das kann doch nicht wahr sein!«, denke ich –denn: »Questo e solo l`inizio signora – das ist erst der Anfang Signora!«

Zurück auf unserer heiligen Wiese Tapovan werden wir unter Leitung von Shashank fürstlich verpflegt. Ich werde im Speziellen liebevoll gepäppelt, weil ich mir eine Erkältung eingefangen habe und die nächsten Tage stimmlos fiebrig und schlapp im Zelt abhänge! Der feinfühlige Elmar, der stille Walter, der bayrische Klaus und der introvertierte Claus, Ruedi mit dem Herz am rechten Fleck und der immer fröhliche, ständig organisierende Michi – sie alle statten mir einen Krankenbesuch ab, muntern mich auf. Selbst Lobsang und Singi-Lama stecken ihre Köpfe rein ins Zelt. So viel Anteilnahme ist wohltuend; und Renato schafft es mich zu kurzen Spaziergängen zu animieren. Noch immer herrschen optimale Wetterbedingungen.

27. September

Michi, Singi-Lama und Lobsang steigen auf, schleppen Material hoch, planen die Route ab Camp 2 zu versichern. Lobsang kehrt abends wieder ins Basislager zurück. Der Countdown läuft für mich.

28. September

Beim Frühstück schwirren der Koch und seine Kitchenboys um mich herum. Fehlt nur noch, dass sie mich füttern. Shashank wird beten für mich. Lobsang beladen von uns.

»Slowly, slowly…« Schritt für Schritt – ohne Rucksack und mit leichten Schuhen. Jedes Gramm wird minimiert. Auch Klaus Oberpfalz versucht nochmal einen Aufstieg. Bekommt aber diesmal Zahnweh und kehrt um.

Abends leichter Schneefall auf Camp 1. Michi funkt: Camp 2 alles ok, nur der Serac noch nicht versichert.

29. September

Nach Frühstück und Körperpflege mit Frischetüchlein rappelt es in der Kiste. Ein Kramen und Suchen, ein Rollen und Packen, ein Stopfen und Komprimieren. Wieviel Verpflegung ist für zwei Nächte nötig? Genügt eine Kartusche? Wo ist das Feuerzeug? Wer sitzt worauf? Denn ohne Feuerzeug keine Hot Chocolate, kein Milchreis, kein Tee. Meine Unterhosen sind deine Unterhosen. Deine Handschuhe sind meine Handschuhe, nur der Mini-Mini-Waschbeutel gehört mir ganz alleine. Aber Vorsicht – keine Bewegung: Der Reif, der durch gefrierende Atemluft entstand und die Zeltinnenwand auskleidet, bröselt auf uns hernieder.

Aufstieg zu Camp 2

Lobsang, mit der ersten Ladung voraus, möchte sich die Lasten auf zweimal aufteilen. Walter, Claus, Elmar und Ruedi auf dem Weg. Wir warten, bis die Sonne kommt, haben keine Eile, nur 450 Höhenmeter liegen vor uns. Mit Anorak und Daunenhose, Steigeisen an Sechstausender Stiefeln, Abseil-Achter und Jümar am Klettergurt , Kletterhelm und dunkler Sonnenbrille seh ich ganz schön wuchtig aus! Gewichtig wichtig !

Mühsam mühsam durch eine ewig lange, frisch verschneite, steile Schotterrinne; steinschlaggefährdet dazuhin. Da steht Walter mit seinem Rucksack-Monster auf dem Buckel vor einem fixseilversicherten Felsaufschwung. »Nein«, sagt er »das ist nix für mich, ich kehr hier um.« »Nein«, sagen wir, »Du kannst doch hier nicht einfach umkehren. Ja – mühsam, kräftezehrend, strapaziös, anstrengend – das alles und noch viel mehr ist es, aber das musst du doch gewusst haben. Du hast uns erzählt, dass du es bereits bis auf wenige Meter unterhalb des *Kachenzönga*, eines schweren Achttausenders geschafft und viele schwierige Berge bestiegen hast… Bitte, bitte komm mit uns!«

»Aber nein«, sagt er, »aus und vorbei – das ist Zuviel.«
Mit uns kommen hätte bedeutet, sich weiter im Kar emporzuarbeiten; hätte bedeutet einen spaltenreichen Gletscher entlang seiner Randkluft hochkonzentriert Schritt für Schritt zu queren, hätte bedeutet, sich an einem

Granitturm am Fixseil hochzujümarn; hätte aber auch bedeutet, den sonnenbeschienenen Grat zu erreichen, freudig begrüßt zu werden von Michi ,Claus, Elmar, Ruedi, Singi, und in einladend aufgebaute Zelte einzutreten – sprich hineinzukriechen.
Walter, Schmied aus Wien. Ein in sich gekehrter Eigenbrötler, bist du. Einer, der das Leben mit sich selbst ausmacht. Man muss genau hinhören und hinschauen wollen, um hinter deiner Fassade aus Wortkargheit und Grobschlächtigkeit ein großes Maß an Freundlichkeit und Zugewandtheit empfinden zu können. Du hast meine zerrissenen, verschlissenen, verloren geglaubten Wollhandschuhe , die ich als Erinnerung an meine Mutter immer bei mir trage, gefunden, mir gebracht, nein – mir überreicht. Du hast ihre Bedeutung gespürt –davon bin ich überzeugt.

Camp 2, 5500 m – Vier Zelte verteilt auf schmalem Grat

Michi, Claus und Singi teilen sich ein Zelt, Ruedi und Elmar je eines. Zu uns gesellt sich Lobsang. Er rollt sich in einer Ecke zusammen und schläft erschöpft nach zweimaligem Aufstieg ein. Renato absolviert seine Nächte. Ich kämpfe. Kämpfe gegen die Schlaflosigkeit, die Hustenattacken, die Angst, nein – ich muss zielgerichtet sagen: die Furcht vor den krachenden Lawinenabgängen, die die Dunkelheit erschüttern.

30. September

24:00 Uhr – Ich muss mal!

Wohlwissend, dass der Grat schmal und die Nacht bitterkalt ist, versuche ich den Bewegungsradius zu minimieren, indem ich mit einem Bein im Vorzelt und mit dem anderen akrobatisch in Renatos Überschuh steckend, nach draußen trete. Warum nur wird es plötzlich so angenehm warm im Schuh. Ich realisiere, in seinen Stiefel gepinkelt zu haben, und kichere mich halb tot darüber. Die Höhe macht mich albern und vor allem putzmunter.

Beim Wecken um 3:00 Uhr bin ich dann dementsprechend gerädert. Den Toilettengang in stockdunkler Nacht ohne Absturz gemeistert, sämtliche Hosen, Hemden, Daunen und Nicht-Daunen übereinander geschichtet, mit klammen Fingern den Klettergurt angelegt, schlürfe ich stärkende Hot Chocolate, bevor ich mich in die Riesenstiefel zwänge, daran die Steigeisen befestige, den Helm samt Stirnlampe über die Mütze ziehe. Ich bin stolz auf

mich und fassungslos darüber, dass Renato ausrastet und mich anschreit, was zum Teufel ich so lange mache! Er hat schon den Marschtee für uns bereitet, das Seil gerichtet, an Lobsang, der mit auf den Gipfel kommen will, Material verteilt und nun muss er zusehen wie die Andern, entgegen unserer Planung, bereits wie flackernde Sterne über uns, dem Himmel entgegen tanzen. Oh nein!

Oh doch. So ist es. Und mir ist klar: wenn ich da rauf will, muss ich durchstarten. Granittürme und Quergänge am Jümar kletternd, Schneefelder am kurzen Seil Tritt für Tritt aufsteigend, über Ecken, um Kanten drehend bewegen wir uns dem Rosé des Morgendämmerlichts entgegen. Ein Schluck Tee, ein Energieriegel, es ist Tag geworden. Wir befinden uns auf einem ausgesetzten steilen Schneegrat und beim Blick hinauf entdecken wir Michi, Claus, Ruedi und Singi auf der Suche nach einer Möglichkeit den Serac zu überwinden.

Es scheint aussichtslos. Elmar klettert ab – bricht ab, hier auf 5900 m. Wir warten auf den heute völlig erschöpften Lobsang, der uns Daunen und Getränke übergibt. Übermenschliches hat er geleistet die letzten Tage, heute fehlt ihm die Kraft. Ich wittere eine Chance, mit Elmar abzusteigen. Aber nein – dieser verrückte Italiener steckt mir eine Salami namens »Gipfelstürmer« in den Mund,grinst, faselt etwas von Eisschrauben und steigt weiter bis unter den Serac auf 6000 m. Michi hat mit Singi inzwischen eine machbare Linie durch eine, den Serac vertikal durchziehende, Doppelspalte gefunden.

Ich fass es nicht. Gerade noch schlugen Michis Eispickel die letzten Male über den Rand des Seracs, gerade noch befestigte er, oben angekommen, das Fixseil, an einem, ins Eis getriebenen Winkeleisen. Schon folgen einzeln am Seil gesichert Singi, Claus, Ruedi und Michi 2. Schon baut Renato mittels einer Eisschraube einen Stand im Eisbruch, um mich zu sichern.

Schon klicke ich meine zwei Jümar, sprich Steighilfen, in das Fixseil ein. Den der rechten Hand verbunden mit der Beinschlaufe, den der linken Hand verbunden mit der Körpermitte am Gurt. Automatische, selbstverständliche Handhabungen. Das Spiel »Entlastung – Belastung« kann nun beginnen. Körperentlastung heißt Beinbelastung heißt linken Jümar im Optimalfall bis zu fünfzig Zentimeter hochschieben – zack. Körperbelastung heißt Beinentlastung heißt rechten Jümar hochschieben – Zack.

Über mir hängen bedrohlich blauschimmernde Eisformationen. Angst verbiete ich mir. Nur die nächsten Zentimeter zählen. Land, sprich Rand, in Sicht nur noch zwei, drei Schübe, dann müsste der zunächst flache Gletscher erreicht sein. Aber nein. So sehr ich auch den Körper durch Beinarbeit entlaste, der Jumer lässt sich keinen Millimeter mehr nach oben bewegen. Das Seil hat sich über der Kuppe tief in den Schnee eingeschnitten. Hilflos hänge ich in der Luft, 6200 m über dem Meer. Das Ziel greifbar – jedoch unerreichbar! Renato brüllt von unten »Rechts! Rechts!«. Brüllt sich leicht von unten, denke ich, aber ohne Eispickel komme ich nicht vom Fleck. Dann setzt auch er sich in Bewegung, gesichert durch einen Prusikknoten am Fixseil klettert er mit zwei Eispickeln durch die Eiswand.

»Ich stoße Dich rüber«, und schon holt er, knapp unter mir am Seil hängend, zu einem Schlag seines Körpers gegen den meinen aus. Das Seil über mir verändert die Position und ich kann mit einem letzten kräftigen Ruck den Jümar nach oben drücken. Geschafft! Keuchend, stöhnend und erschöpft hocken wir über der Eiswand, trinken schlückchenweise Tee, versuchen eine Kleinigkeit zu essen. Aber die Erschöpfung und die Höhe - wir befinden uns auf 6250 m, schüren uns die Kehlen zu. Der Gipfel sonnenbeschienen, 300 m über uns, lockt dennoch.

Das Schwierigste der Aufstiegsroute scheint überwunden, die Zeit jedoch knapp. Also raffen wir uns auf, steigen höher und höher, bis uns Michi, gefolgt von Singi, Claus, Michi 2 und Ruedi entgegenkommt. Ein weiterer Aufstieg zum Gipfel, entscheidet er, in der Funktion als Expeditionsleiter, sei bei den momentanen Verhältnissen zu gefährlich. Wir umarmen uns und das höchste Lob aus seinem Mund lautet: „Ja, du Rampensau, nie hätte ich gedacht, dass du das schaffst.« »Tja Michi , Menschenkenntnis und so …«. Singi Lama, ein scheuer nepalesischer Mann, lässt mich gar nicht mehr los, zeigt seine Wunden an Nase Stirn und Händen, davongetragen von einem Eisbombardement im Bruch. Klaus und Ruedi herzen mich innig, mich »die Luxuspuppe«!

Während sich die anderen abseilen, stehen wir *IRRE* hoch oben über der Wand, Hand in Hand. Stumm vor Glück im Hier und Jetzt. Ein Anflug von Wehmut trägt von weither die Melodie von Herve Vilards »Capris c`est fini« an mein inneres Ohr und ich fühle, dass sich hier unsere gemeinsamen Wege trennen. Renato wird einen erneuten Gipfelversuch wagen, ich nicht.

Aber zunächst gilt auch für uns Camp 2 und am nächsten Tag das Basislager heil zu erreichen. Es beginnt zu graupeln, später zu schneien und gerade beim Abstieg kann eine kurze Unkonzentriertheit, ein über die Steigeisen Stolpern, ein über den Fels rutschen katastrophale Folgen nach sich ziehen.
Noch immer befinden wir uns in großer Höhe, noch immer pocht das Herz bei jedem Schritt, noch immer atmen wir angestrengt und flach. Es ist bereits dunkel, als wir um 18:00 Uhr nach vierzehn Stunden Unterwegssein unser Zelt auf Camp 2 erreichen.
Lobsang bereitet Tee und Suppe, langsam löst sich die Anspannung und Renato entschuldigt sich unter Tränen für seine morgendliche Entgleisung. Wohlwissend, dass dieser Ausbruch nicht gegen mich gerichtet, sondern der Situation geschuldet war und wohlwissend, wie fürsorglich und liebevoll unser Umgang miteinander ist, hocken wir in inniger Umarmung und weinen zusammen. Tränen der Freude über das Erreichte, Tränen der Trauer über das Nichterreichte und in den Schlaf geleitende Tränen des Glücks über die Tiefe unserer Freundschaft.

Epilog

Renato erreicht nach einer Erholungspause im Basislager mit Michi Wärtl, Claus, Ruedi, Michi 2 und Singi am 06. Oktober den Gipfel.
Den Schlafsack feierlich unserem Höhlen-Sadhu überreicht, mache ich mich am 03. Oktober mit Lobsang auf den Weg nach Gangotri. Von dort geht es in atemberaubender Fahrt in einheimischen Vehikeln über Uttarkashi nach Sangam Chatti, dem Startpunkt unserer Trekkingtour zum Dodhital. Von der sauerstoffarmen Asketen-Luft in den feuchten aromatischen Tropfendampf. Aber das ist eine andere Geschichte.

AUF DER SUCHE NACH DER GEFRORENEN ZEIT

IM EISFALL

Der Gefrierpunkt einer Liebe wird nicht selten der Stern, der später in den Nächten glitzert. Nach Jahrzehnten noch leuchtet am Firmament das Eis des letzten Blickes!

Botho Strauß

Zwergenbärte wallen in die Tiefe, gespaltene Schlangenzungen, krumme Rettiche, messerscharfe Pfeilspitzen, lodernde Flammen. Mitten im Eispalast stehe ich. Milchigmatt schimmernde Stäbe an Fels gepresst, glasklare Gardinen vor Überhang. Herabhängend filigranes, blaugrün chanchierend. Massiv Wuchtiges in stummer Farbe. Rinnsale perlen unter dünner Eisschicht am Fels entlang. Geronnene aufgetürmte Zeit. Erstarrter Augenblick. Eingefangene Flüchtigkeit. Stillstand. Reine Gegenwart vor leiser Wandlung. Ruhe herrscht in den Schluchten, zwischen weiß gerundeten Ufern gurgelt der Bach.

Kann es ein Leben geben jenseits von *Pingu*, *Grimm Haizähne*, *Arbonium* in Kandersteg, ohne *Tre Salti* und *God de la Resgia* im Engadin; ohne *Lipton*, *Vermok Foss*, *Sabator Foss* in Norwegen; ohne *Excalibur* in der Sottoguda-Schlucht, ohne *Lujanta* bei Colfuschg , ohne *Ursprung* im Ahrntal ohne *e tutto relativo* oder *il candelone patri* in Cogne /Aosta, ohne die zwölf Seillängen von *Madre* im Val di Rabbi, der mich bereits beim Anmarsch durch seine Kältewellen seltsam lockend ansaugte. Ohne *Thron* im Averstal, ohne all die gefrorenen Meisterwerke mit ihren Phantasienamen. Ohne durch eigene Kraft verwirklichte Visionen, Träume, Wünsche, auf dem Spielfeld vertikaler zauberhafter sich ständig wandelnder Eisformen.

Hier begegnen sich zwei Extreme. Der mit Eispickel und Steigeisen bewaffnete, behandschuhte und behelmte Mensch trifft auf zeitlich begrenzte, sich stetig wandelnde Materie. Stahl gegen Eis. Das Knirschen der Eisschrauben des Vorsteigers beim Eindrehen in bläulich schimmernde Eissäulen. Das Durchfädeln einer Schlinge durch entstandene Eisröhren, um sich mitten im Eisfall daran sichern oder abseilen zu können. Eiskrallen an den Bergstiefeln, gebogene, gezackte Äxte in den Fäusten, ziehe ich mich nach jedem Schlag Stück für Stück nach oben. Die Frontzacken der Steigeisen stoßen bei jedem Tritt ins Eis. Satt klingt der Schlag, wenn der Pickel richtig sitzt. Wenn das Eis jedoch splittrig-kalt ist, fallen krachend Brocken in die Tiefe – KABUMM!

»Wir sind zwei Arschen – oh Pardon – wir haben zwei Arschen«, spricht der Italiener hier in *Fruittigen*, und ich denke, wie recht er doch wieder hat. »Haben oder Sein« – was für uns übersetzt heißt: Was *haben* wir davon oder *sind* wir verrückt, uns in der Eroberung des Nutzlosen dermaßen abzumühen.

Ich sichere Renato, der sich mit voller Eisausrüstung zunächst noch durch eine überhängende Felshöhle hangelt: den Pickel dabei zwischen Felsspalten als Hebel nützend, die Steigeisen in kleinste Unebenheiten des Gesteins bohrend, bevor er seitlich zu einem hängenden glasklaren Eiszapfen spreizen kann. Hohl klingen die vorsichtigen Einschläge des Pickels und es dauert ein paar Meter, bis der Zapfen massiver und die erste Eisschraube zur Sicherung eingedreht werden kann. Lange nicht so elegant und von oben gesichert, kämpfe auch ich mich durch Fels und Eis bis zu einem sicheren Stand unter einer Felsnische. Geborgenheit auf Zeit, bevor wir wieder heraustreten, wieder heraussteigen, uns wieder den Herausforderungen stellen, wie im richtigen Leben.

Von Etappe zu Etappe schlagen, picken, dreschen, stoßen und winden wir uns durch diese unwirkliche Welt, die uns auffordert, bereits im Entstehen begriffene Mutation wahrzunehmen, die uns durch ihre Formenvielfalt neue Herausforderungen abverlangt, die uns ausliefert, die uns beschützt.

»Home Sweet Home« Collage/Mischtechnik 1988

Kuchen oder Buchen

LA DOLCE VITA VERSUS MÜHSAL UND ENTBEHRUNG

SÄTTIGUNG VERSUS KASTEIUNG UND KATHARSIS

Anstatt der goldenen Morgenstunde mit Frühstückstablett auf Polsterbett ein *Morgen-Grauen*; eine *Gliedmaßen-Suche* auf Isomatte. Das selbstverständliche Aufdrehen eines Wasserhahns entfällt und der Gang zur Toilette gleicht einer mittelschweren Wanderung zu übelriechenden Gruben und Verschlägen. Hunger, Durst und Erschöpfung begleiten das Tagesgeschehen.

Warum?
Gewiss, um Sonnenaufgänge zu feiern, um der Abendröte Wehmut abzutrotzen. Gewiss, um die Wandelbarkeit des messenden Mondes zu bestaunen, um den singenden, frohlockenden, gehorsamen und ungehorsamen Sternen, dem belebten Zierwerk des Firmaments, zu lauschen. Gewiss, um mich der ordnenden Kraft des Mond- und Sonnenlaufs zu fügen. Um Bescheidenheit im Umgang mit der Natur zu pflegen und nach einem Ursprung zu suchen, der Erkenntnis ermöglicht.

Warum mich in entlegene Winkel und einsame Orte versteigen?
Gewiss, um lila Psalme und blaue Rhythmen zu finden, Zeremonien, Mythen und die verschiedenartigen Weltsichten in der Verschiedenheit einzelner Menschen kennenzulernen, um mich dem Faszinosum fremder Klänge, Sprachen und Gebärden hinzugeben.

Warum aufbrechen zu den Palästen der Nomaden und zu den Gefängnissen der Sesshaften?
Gewiss, um jedesmal aufs Neue beeindruckt zu sein von den Lebensmodellen gläubiger Menschen jedweder Couleur, die den Mut besitzen, allein auf ihren Gott zu vertrauen, die dienend in Armut und Zurückgezogenheit leben. Fokussiert nur auf ein einziges Ziel, während mich, aus der Fülle meiner Möglichkeiten heraus, diverse Alternativen zerreißen. Um klaren Blick bemüht, muss man sich in aufgeklärter Zeit natürlich auch die Gegenfrage stellen dürfen, ob nicht der erkennende Mensch selbst seine Götter erfand, um sich von Ihnen verfolgt, beobachtet oder behütet fühlen zu können. Ob es nicht gerade Freiheit bedeutet, eigenverantwortlich Entscheidungen aus unterschiedlichen Optionen treffen zu dürfen.

Mäandrierende Gedanken, die sich auch um das »Warum schreiben?« ranken.
Gewiss schreiben, ein Leben lang schreiben, über Ziele, die mit jedem Schritt auf sie zu in weite Ferne zu rücken scheinen, über entzauberte Träume und verzauberte Wirklichkeit.
Gewiss, buchen, aber dazu diesmal nicht in die Ferne schweifen, denn schon in nächster Nähe beginnt ein Weg, wartet ein Eremit.

In aller Welt habe ich Einsiedler, Gurus, Sadhus,
Lamas aufgespürt, hab mich in dunkle Höhlen,
enge Hütten, mystische Tempel gekniet,
gehockt, geduckt und zugehört, wenn sie sprachen.
Sprachen sie nicht, wirkte die Stille.

Der Eremit vom Thierberg

PROTOKOLL EINER BEGEGNUNG | OKTOBER 2018

„Ja, des han die richtigen Fragn“, oberpfälzert Bruder Konrad, Mönch und Eremit auf dem Thierberg in Tirol.
Ich bin den steilen Kreuzweg durch einen Buchenhain aufgestiegen. Hinauf zur Gnadenkapelle nebst Burgturm. Ein Kraftort, wie die Einheimischen hier sagen. Seitlich eine Eingangstüre, darauf ein Messingschild mit Klingel: Einsiedelei.
Und da steht er auch schon vor mir. Kein zerlumpter zaundürrer Asket, sondern ein stattlicher Mönch in grauem Habit. Jugendliches gebräuntes Gesicht mit langem graumeliertem Rauschebart. Im Vorraum geweihte Kerzen zum Verkauf. Er lässt mich ein in sein Stübchen, nachdem ich am Vortag um ein Gespräch bat.
Saugemütlich ist es hier, ein wärmender Kachelofen samt Ofenbank, Kochnische mit Holzhängeschrank, gegenüber an der Fensterseite Tisch und zwei Stühle; Kruzifix, Bilder, Putti an den Wänden. Neben einem Schlafraum gibt es ein Bad mit warmer Dusche, Toilette, Waschmaschine!

Die Klause kostenfrei von der Erzdiözese Salzburg; für Wäsche und Essen reicht das spärliche Gehalt aus, das er dafür bekommt, die Kapelle, den Vorgarten und die Wege in Ordnung zu halten. Er gehört dem Dritten Orden der Franziskaner an, und ich erfahre zunächst etwas über sein Stundenbuch.

3:30 Aufstehen und Gebet. Zuerst das Gebet zur Sühne. Es ist die Stunde der Dämonen und es geht darum der Versuchung zu widerstehen. Weiter dann die Laudes, das liturgische Morgengebet.
6:30 Frühstück, Bad, Arbeit
10:00 Rosenkranz mit »Engel des Herrn«, danach Erledigungen und Mittagessen
15:00 Mittagshore zum Gedenken an die Sterbestunde Jesu
16:30 Lesungen, Texte, Bücher
17:30 Dusche und Abendbrot
19:30 Vesper und Komplet: Abendgebet und Tagesrückblick
20:00 Nachtruhe; fünf Stunden Schlaf müssen genügen nach der Regel des Heiligen Antonius
Aber die richtige Frage, die ihn erfreut, ist: »Was liest Du, wenn Du liest?«
Da taut er auf.
»Schaug her, hier des Buch: ‘die Weisung der Väter‘«, und ich erfahre eine Menge von den Wüstenvätern und von dem Heiligen Antonius von Ägypten (251-356).

Eine Leitfigur des eremitischen Lebens. All seinen Besitz verschenkt ging dieser in die Wüste, um nicht mehr *sehen*, *hören*, *sprechen* zu müssen. Um nur noch *den einen Kampf* gegen sich selbst führen zu dürfen. Gegen den eigenen Dämon und der Versuchung des Teufels zu widerstehen.
»Puh,« denke ich, »warum geht es nur immer um Sexualität, um Lust und deren Verteufelung?«

Aber ja doch, all den Asketen, Sadhus, Eremiten und heiligen Männern geht es darum, durch die Überwindung des eigenen Körpers zum Seelenheil, zur Erleuchtung, zum Nirwana zu gelangen. Interessant wären Ähnlichkeiten einer psychischen Grundstruktur all dieser unterschiedlichen Persönlichkeiten. Gedanken, die mir während der Gesprächspausen so durch den Kopf schwirren.

Und ich wage die nächste Frage: »Und wie sieht es bei Dir damit aus?« Da stockt er und antwortet erst mal:
„So hod mi no nermads gefragt… Aber der Zölibat geht mi nix an, sondern nur mein Gelübde vor Gott über Armut, Keuschheit, Ehelosigkeit und Gehorsam. Es ist meine Berufung Jesus mein Leben als Eremit zu weihen und auch ich kenne den inneren Kampf, der Versuchung zu widerstehen.« Die graue Kutte steht für Buße.

Auf die Frage damals vom Bischof, wie er es im weltlichen Leben als Industriebuchbinder aus Regensburg mit Frauen hielt erwiderte er geschickt:
»Ich hatte nicht *eine*!«
Aber jetzt gilt es, nur mehr Gott zu dienen und bei ihm zu verweilen, um so das Seelenheil erfahren zu dürfen.
»Und wenn i amal nimmer ko, dann bin i a versorgt, dann schaugt der Herrgott auf mi und wenn er mi dann holt, dann hab i mei Ziel erreicht. Mei Seelenheil.«

Lieber Bruder Konrad, ich danke dir für dieses Gespräch.

Glossar

Eisfall
gefrorener Wasserfall
Friend
Klemmkeil, den man in Felsritzen einklemmt. Durch ein Öse hängt man eine Expressschlinge und hängt an dieser das Kletterseil wie üblich ein.
Jümar/Jümarn
Nach der Steigklemme Jümar benannte Technik des Aufstiegs an einem fixierten Seil mit Hilfe von zwei SteigklemmenSerac
Piazen
Klettern in trittlosen Passagen meist an einer Risskante oder Felsschuppe mittels Gegendrucktechnik, Füße und Hände gegen Riss oder Schuppe stemmen, welche man gleichzeitig mit den Händen hält, dann abwechselnd in kleinen Abständen eine Hand nach der anderen und einen Fuß nach dem anderen setzt. Der Körper lehnt dabei quasi seitlich fast an der Felswand.
Prusikknoten
kleiner Prusikknoten aus kurzem Prusikseil zum Ablassen an normalem Seil
Serac
Eistürme bzw. Abbruchzone eines Gletschers in steilem Gelände
Stand
Sicherungsplatz innerhalb oder am oberen Ende einer Kletterroute, i.d.R. in Abständen von einer Seillänge oder öfter

für Interessierte:
auf Wikipedia findet man eine lange hilfreiche »Liste der Kletterbegriffe«

Iris Häusel

Geboren 1955 in Regensburg besuchte Iris Häusel zunächst Grundschule in, und Gymnasium bei Regensburg. Nach abgeschlossenem Studium der Logopädie in Erlangen folgte eine achtjährige Tätigkeit als Logopädin / Lehrlogopädin an der Stimm- und Sprachabteilung der Ludwigs-Maximilian-Universität,München.
Die Gründung einer eigenen Logopädiepraxis 1987 ermöglichte es ihr, Familie und Beruf optimal in Einklang zu bringen. Heute lebt, schreibt und malt die Autorin in München, aber auch im Engadin, wo sie sich von den rätoromanischen Sprachklängen inspirieren und von den Stimmungen der Landschaft einfangen lässt.
Immer wieder jedoch treibt es sie hinaus in die Welt. Dann packt sie Koffer für Familienreisen mit ihrem Mann und den längst erwachsenen Töchtern, packt Rucksäcke für Wanderreisen mit Freunden und packt Expeditionssäcke für ihre eigenen Kletterreisen und Bergbesteigungen.

Website: iris-häusel.de

DANK

Meine Liebe zu den Bergen verdanke ich Frau Helene Hackl .Mit Brotzeit und Rilke- Gedichten im Rucksack stürmten wir jahrelang auf die Hausberge Münchens. Für Hoch- und Skitouren fand ich in Dr. Peter Karpf einen begeisterten Lehrmeister, einen wohlmeinenden Freund und Begleiter in allen Lebenslagen.

Aber um ein Buch zu schreiben bedarf es mehr als als wild zusammengewürfelter, wohlklingender Satzfetzen, die mir in den unmöglichsten Situationen durch den Kopf schossen. Mitten beim Klettern in der Wand, selbst im Eisfall, musstest Du Dich, Renato,jahrelang schnell selbst sichern um ein von mir nach oben gerufenes Satzfragment mit Deinen ungelenken Klettererfingern ins Handy tippen oder Du wurdest mitten in der Nacht im Zelt durch Stirnlampen-Festbeleuchtung jäh geweckt weil ich schreiben *musste*. Mille Grazie, Renato Maria Rosa – welch Wohlklang –, für Deine Geduld mit mir.

Irgendwann wurde es »meiner Muse« zuviel und es ergab sich ein von *ihr* arrangiertes Treffen mit Claudia Schanza,einer Journalistin und Medientrainerin aus Wien. Auch sie Kletterin und Abenteuerin verband uns sofort tiefe Übereinstimmung. Liebe Claudia, unter Deinen Fittichen durfte ich, lernen mich zu strukturieren, brachte Ordnung in das Gedankenchaos und begann meine Geschichten zu erzählen. Durch Dein immer offenes Ohr für mich, durch intensive gemeinsame Gespräche und Klettertouren ist binnen eines Jahres eine innige Freundschaft zwischen uns entstanden. Ohne Dich hätte sich mein Traum nicht verwirklichen lassen, ohne Dich gäbe es dieses Buch nicht. Habe tausend Dank dafür.

Und »last but not least« Beate de Nijs. Seit langer Zeit schon klettern wir zusammen in der Halle und Deine Fähigkeit sich analytisch-schnörkellos einem Thema zu nähern, um es anschließend in Deiner Funktion als Grafikerin gestalterisch darzustellen, ist große Kunst. Meinem Anspruch zwischen Zart und Hart, zwischen realen Photographien und verträumten Collagen hast Du nachgespürt ,meinen überschießenden Ideen jedoch Mäßigung und Ordnung abverlangt. Zusammen mit meinem Herzensfreund Dr. Gerhard Hackl habt Ihr Euch lektorierend durch mein Manuskript gekämpft. Ich danke Euch von Herzen.

Nepal

Impressum

»Der Schrei der Schneeflocke«
ISBN 978-3-96811-013-41
1. Auflage
Fotos: Renato Maria Rosa und Iris Häusel
Collagen/Zeichnungen: Iris Häusel, iris-häusel.de
Buchgestaltung und Cover: Beate de Nijs, denijs.de
Eisflocken: iStockphoto ChaoticMind75
Druck: Die Ausdrucker UG, München, dieausdrucker.de
Papier: Bio Top
Einband: Bio Top und Colorplan Cobalt matt
Schriften: Bulmer, P22 Franklin Caslon